前瞻教育

叢書主編　黃政傑

十二年國教
成效、問題與展望

台灣教育研究院　策劃

翁福元　陳易芬　主編

潘世尊　方德隆　許籐繼
鄧佳恩　黃琇屏　舒緒緯　合著
李眞文　何俊青　歐陽怡

五南圖書出版公司 印行

主編序

　　中等教育在教育制度與國家發展中，扮演著重要的角色與發揮著積極的功能。在教育制度，中等教育扮演著「承下啓上」的角色；在國家發展，中等教育發揮著人力資源提升與工業經濟轉型的功能。具體而言，中等教育的失敗，宣示著高等教育學生的品質堪憂；中等教育的失敗，代表國家基層人力的素質堪慮與經濟工業的轉型，難以期望！職是之故，各國政府對於中等教育的發展都投注相當的關注與資源，希望能藉著中等教育品質的改善，以提升國家建設與社會發展所需的廣眾的勞動力人口，進而提升國家競爭力及社會發展。

　　然而，國家建設與社會發展相當的紛然複雜。再者，中等教育也有其本身的理念與目標。國家所重視者，未必是中等教育的理念；中等教育之所堅持者，未必是國家之迫切者。因此，兩者之間經常在改革的過程產生相當的衝突與爭辯。因此，在中等教育政策的制定，或者是中等教育改革方案的推動執行，如何能夠在國家建設、社會發展，以及教育理想等三者之間尋到均衡點，是關鍵之處。

　　隨著社會的變遷，中等教育不再只是一個橋梁的角色；中等教育現在扮演著樞軸與關鍵的角色：同時是經濟政策，也是社會政策；兼及生活與公民技能的發展；積極將學生學習融入生活。同時，中等教育改革不單純只是教育的問題，它也受到社會、經濟、政治與制度等因素的影響。從十二年國民教育改革方案的提出，到確定實施的過程，各個利害相關者的角力與衝突就可以發現，此一改革方案的複雜程度。

　　教育改革是相當紛繁複雜的事，其所面對的問題與挑戰是紛至沓來的；所面對的批評與謗議更是眾聲喧嘩。十二年國民基本教育改革，是臺灣繼 1968 年實施九年國民教育之後的一大中等教育改革。

自 2014 年 8 月 1 日全面實施十二年國民基本教育迄今，已屆十年。
這十年來，十二年國民教育的實施，有其成效，也有其挑戰與問題。
十二年國教是臺灣近年來重要的教育改革方案之一，不論在實施前，
或是實施後，都有相當多的討論與論述，究竟十二年國民基本教育應
何去何從，著實需藉重學者專家持續探析，提供方向與策略之指引。
台灣教育研究院乃以「十二年國教：成效、問題與展望」為題，邀集
國內專家學者撰文，編輯成書；全書各篇文章均經匿名雙審通過後刊
登，以確保內容品質。如今專書出版，特感謝本書作者惠賜鴻文，感
謝專家學者協助審查，感謝五南圖書出版公司精編出版，感謝本社詹
勳育專員與張羽君小姐擔任本書聯絡及文稿彙整工作，也要感謝台灣
教育研究院社全體理監事和祕書處全體同仁之協助。

翁福元、陳易芬
台灣教育研究院
2023 年 10 月 1 日

目　錄

第一章

閱讀素養教育成效、問題與十二年國教的展望：PIRLS的視角與反思

潘世尊

國立高雄師範大學教育學系博士
弘光科技大學幼兒保育系特聘教授

前言

　　閱讀是人們增廣見聞、獲取新知及解決問題的重要媒介。「經濟合作暨發展組織」（Organization for Economic Cooperation and Development，簡稱OECD）針對全球不同國家地區15歲學生學習成就進行評估了解的「國際學生能力評量計畫」（Programme for International Student Assessment，簡稱PISA），評量項目就包含閱讀素養。PISA說明閱讀素養乃個體為達成目標、發展自我知識與潛能或參與社會生活與活動而理解、使用、評估及反思各種訊息，並以積極態度面對訊息，適當決定訊息處理目標與方式的素養。所謂訊息，包含以書面文字、數位媒介、圖畫或符號呈現的各種訊息。訊息的評估與反思，則包含判斷訊息的真實性及區辨訊息是屬於具有可信證據的事實或僅為作者個人意見與觀點（OECD, 2019）。閱讀素養不但攸關學生能否有效學習，也是終身學習不可或缺的一環。在假訊息充斥的時代，更是現代公民應具備的重要素養。

　　除了PISA，「國際教育成就調查委員會」（International Association for the Evaluation of Educational Achievement，簡稱IEA）每五年也針對小學四年級學生實施一次「促進國際閱讀素養研究」（Progress in International Reading Literacy Study，簡稱PIRLS）。我國自2006年開始參與，2021年有57個國家（地區）參加（教育部國教署，2023），顯示閱讀素養在國際間受到重視。閱讀習慣與能力的培養，一直是我國中小學教育重要項目之一。學校裡設置圖書室或教室裡設圖書角，並透過閱讀小學士、小碩士或小博士之類的獎狀頒發，激勵學生主動閱讀及提升學生閱讀能力和成效的做法，近幾十年來在國內中小學甚為常見。民國108年正式推動的《十二年國民基本教育課程綱要》（以下簡稱108課綱）國語文領域的「學習表現」（教育部國民及學前教育署，2018），閱讀仍為其中一項。

　　因應閱讀素養的重要，值得探究的問題包含：什麼是閱讀素養？愛看書，看了很多書，就具有閱讀素養嗎？近年我國閱讀素養教育成效為何？有何值得精進改善的問題？未來可往哪些方向強化？從受到許多國人重視的PIRLS測驗的角度針對這些問題加以析論及反思，作為國內教育實務

工作、學術研究或政策制定與推動的參考，進而更能有效增進學生閱讀素養，是本文主要意旨。

 ## 閱讀素養的意涵與教育成效

以下，分別說明閱讀素養的意涵以及近年我國中小學閱讀素養教育成效：

一、閱讀素養的意涵

什麼是閱讀素養？愛看書或多看書是否就具有較佳的閱讀素養？從筆者就讀小學、擔任小學教師到任教於大學這幾十年，學校裡的圖書室、教室裡的圖書角或閱讀小學士、小碩士或小博士的激勵措施普遍存在小學教育場域，但2006年PIRLS測驗結果顯示臺灣僅在45個參與的國家及地區排名22（柯華葳，2020）。這個結果顯示閱讀素養可能尚有其他成分，不只是讓學生愛看書及多看書。上述PISA對閱讀素養意涵的說明，就包含適當決定訊息處理目標，並能依目標運用合適方法進行訊息的理解、使用、評估及反思（含判斷）。易言之，適當決定閱讀方向並依目標進行閱讀，且在閱讀過程能適當理解、評估及反思訊息，進而能合宜的使用訊息，乃閱讀素養重要成分。PIRLS說明閱讀理解包含「直接理解」與「詮釋理解」兩種歷程。直接理解又包含「訊息提取」與「直接推論」，詮釋理解則包含訊息的「詮釋整合」與「檢驗評估」（Mullis, Martin, Kennedy, Trong, & Sainsbury, 2009）（參見表1）。以此觀之，閱讀過程中的訊息理解是一種複雜歷程，並且涉及不同層次的理解活動。能依目的適當且有效進行直接理解及詮釋理解的活動，是閱讀素養應具備的重要成分。

進一步言之，直接理解中的「訊息提取」只是依目的、任務或問題解決需求，找到文本中相對應的特定訊息並加以提取，從而達成目的、完成任務或解決問題，不涉及更高層次的推論、詮釋或檢驗評估等活動。「直接推論」乃在特定目的、任務或問題解決需求的引導之下，統整或整合文本中的不同訊息內容並進行推論，從而達到目的、完成任務或解決問題。

表 1　PIRLS 四項閱讀理解層次意涵彙整表

項目	意涵	閱讀理解層次
訊息提取	閱讀過程將注意焦點放在被作者明確陳述的訊息，並予以提取（focus on and retrieve explicitly stated information）。	不需推論
直接推論	閱讀過程依文本中的訊息進行直接推論（make straightforward inferences）（將文本中的不同訊息予以連結及整合，進而從中推論作者未明說的關係或意涵）。	推論，但未以個人經驗或知識進行詮釋
詮釋整合	閱讀過程不只將存於不同語句中的概念、觀點與訊息間的潛隱關係加以連結及推論，還以自我觀點進行詮釋（interpret and integrate ideas and information）（如依自我經驗推測文本中的角色動機或主題意旨）。	詮釋，但未跳出文本檢驗評估其內涵
檢驗評估	閱讀過程針對文本內容要旨、呈現方式（寫作風格）及其他各項成分進行檢驗評估（examine and evaluate content, language, and textual elements）（如檢驗文本內容的真實性與合理性或評估文本呈現型式及修辭用語的適當性）。	從理解轉為批判性的分析（含文本「內容」與「形式」的檢驗評估）

資料來源：改編自 Mullis et al.（2009）及潘世尊（2016）。

此種閱讀理解活動純粹依文本中的訊息進行整合與邏輯推論的活動，不涉及個人主觀經驗與知識背景的運用，不同閱讀者之推論若都符合邏輯，推論的結果應會一致或至少方向一樣。「直接推論」的運用，意謂閱讀目的、任務或問題解決需求及其相對應的解答（如文章內容大意、文章中的不同人物與情節之間的關聯或代名詞所指涉對象），並未被作者直接呈現於文本訊息之中，所以有推論的必要。透過推論的進行，可獲得作者並未直接明說的重要訊息內涵，從而得到較為深層的閱讀理解，並能增進文本訊息的使用效能（潘世尊，2016；Mullis et al., 2009）。

　　與此不同，詮釋理解中的「詮釋整合」之目的、任務或問題解決需求除須將文本中的不同訊息加以整合推論，還須運用個人主觀經驗、感受或知識背景進行詮釋。當讀者的經驗、感受或知識背景不同，對文本訊息的詮釋結果自會不一。不過，既為閱讀理解之一環，表示它是以文本訊息為基礎進行詮釋，而非天馬行空的編創與想像。「詮釋整合」的運用，同樣意謂閱讀目的、任務或問題解決需求及其相對應的解答（如文本的主題意旨、角色人物的內在感受或動機），隱含於文本訊息之中而沒有被作者直

接呈現於表面文句，所以可讓讀者獲得更深一層次的閱讀理解。至於「檢驗評估」乃跳出文本內涵，針對文本訊息內容的真實性、主題意旨的合宜性或呈現方式（如寫作風格、修辭運用、文本結局安排或各部分組織方式）的適當性及其他有關成分進行檢驗和評估。「檢驗評估」的運用也表示閱讀目的、任務或問題解決需求及其回答並未被作者直接陳述，同樣可讓讀者得到不同角度的閱讀理解效果，並讓讀者更為合宜的使用相關訊息（潘世尊，2016；Mullis et al., 2009）。

值得提出的是，PIRLS 對閱讀理解歷程意涵的說明包含訊息的檢驗評估，意謂深入的閱讀理解即會涉及 PISA 在界定閱讀素養意涵時所指出的訊息的評估及反思（含判斷）等活動。此外，訊息提取、直接推論、詮釋整合及檢驗評估都是有目的的閱讀活動，即閱讀者是為了因應某種目的、任務或問題解決需求而進行訊息的提取、直接推論、詮釋整合或檢驗評估等活動。否則，這些活動未必會被閱讀者啟動或進行。特定閱讀目的、任務或待解決問題的產生，可能是閱讀者自行提出、外在他人（如教師或PIRLS 命題者）設定或受某種外在因素而引發。從培養「自主閱讀者」的角度來看，個體若能自行設定對應訊息提取、直接推論、詮釋整合及檢驗評估四種閱讀理解層次的閱讀目的、任務或待解決問題，並能在閱讀過程自行運用合適方法進行這四種層次的閱讀理解活動以達成目的、完成任務或解決問題，將可獲得較為深入的閱讀理解，並具有較佳的閱讀素養。這樣的閱讀者，是一名具有閱讀理解策略「後設認知」（meta-cognition），並能實際運用相對應方法和技巧進行閱讀的自主閱讀者（潘世尊，2016，2018）。

閱讀理解策略乃閱讀者用來理解文本字面與深層意涵並克服閱讀過程所面對種種困難的活動和方法（Hilden & Pressley, 2007）。閱讀策略「後設認知」則是個體心中的閱讀策略藍圖或腳本，即閱讀者心中知道可有效用來閱讀以達成不同目標的各種策略及其執行要領，並能因應目的之不同而合宜選用適當方式進行閱讀（潘世尊，2003，2016）。閱讀策略及其後設認知，乃自主閱讀者應具備的重要素養。具良好閱讀素養者，能適當設定閱讀目標（包含設定有助於獲得不同閱讀理解層次的任務和問題），並

依目標運用合適方法進行閱讀以獲得深入理解（包含在閱讀過程會依目標進行訊息提取、直接推論、詮釋整合及檢驗評估等活動），進而能適當使用閱讀理解後的訊息。分析 108 課綱國語文領域閱讀項目學習表現相關指標（參見表 2 針對第 3 階段國語文領域閱讀學習表現指標分析之例），閱讀素養亦包含閱讀策略及其後設認知。

表 2　108 課綱國語文領域閱讀項目學習重點所蘊含閱讀素養分析示例表

第 3 階段（國小 5-6 年級）學習表現	閱讀素養分析
1. 流暢朗讀各類文本，並表現抑揚頓挫的變化。	
2. 理解各種標點符號的用法與表達效果。	
3. 讀懂與學習階段相符的文本。	運用方法理解文本內容 / 閱讀策略
4. 區分文本中的客觀事實與主觀判斷之間的差別。	分析文本內容為事實或作者主觀判斷 / 閱讀策略
5. 認識議論文本的特徵。	分析文本文體 / 閱讀策略
6. 熟習適合學習階段的摘要策略，擷取大意。	運用合適方法摘取大意 / 閱讀策略
7. 連結相關的知識和經驗，提出自己的觀點，評述文本的內容。	詮釋與評析文本內容 / 閱讀策略
8. 運用自我提問、推論等策略，推論文本隱含的因果訊息或觀點。	運用自我提問與推論理解潛隱內容 / 閱讀策略
9. 因應不同的目的，運用不同的閱讀策略。	閱讀策略及其後設認知
10. 結合自己的特長和興趣，主動尋找閱讀材料。	設定目的並搜尋閱讀材料 / 閱讀策略
11. 大量閱讀多元文本，辨識文本中議題的訊息或觀點。	設定目的、搜尋多元文本、分析文本內涵意旨 / 閱讀策略
12. 運用圖書館（室）、科技與網路，進行資料蒐集、解讀與判斷，提升多元文本的閱讀和應用能力。	設定目的、運用工具（圖書館或數位科技）蒐集資料、解讀與判斷文本內容 / 閱讀策略

資料來源：改編自潘世尊（2018）。

舉例來說，「熟習適合學習階段的摘要策略，擷取大意」、「運用自我提問、推論等策略，推論文本隱含的因果訊息或觀點」及「因應不同的

目的，運用不同的閱讀策略」等指標即說明閱讀學習表現應包含不同閱讀策略的掌握與運用，並具備閱讀策略的後設認知。「讀懂與學習階段相符的文本」、「區分文本中的客觀事實與主觀判斷之間的差別」、「認識議論文本的特徵」及「連結相關的知識和經驗，提出自己的觀點，評述文本的內容」等指標，說明一個自主的閱讀者心裡知道在閱讀過程必須視閱讀目的或文本性質進行相對應的活動（例如找出生難詞語並設法理解、找出作者論述依據，並進行文本內容為客觀事實或作者主觀判斷的區辨、分析文體組織結構要點和特徵、詮釋主題意旨或人物角色感受，並評析故事內容的真實性、主題意旨的合宜性或組織結構及段落安排的合宜性），且會實際執行及有能力展現相對應的行動，也就是具備這些閱讀策略及其後設認知之素養。

　　值得提出的是不同領域學習目的、重點或文本屬性不同，合適有效的閱讀策略會跟著不一。舉例來說，社會領域的教材文本主要為說明文，大抵以總、分、總的形式呈現各部分的內容，在每課或每一小節的一開始大抵會先簡要陳述後續會進一步說明的重點，每一小節也都有標題突顯後續文本內容要點。閱讀者可利用此種文本組織方式和標題內容，迅速掌握文本框架及各個部分的重點。與此不同，國語文的教材文體包含散文和韻文，散文又包含記敘文、說明文、議論文及應用文，文本內容也有許多是故事或作者的想像與創造，與社會領域的文本屬性有很大不同。在內容的理解上，社會領域除可運用概念構圖法組織教材文本內容訊息，還可針對相關議題（如核能發電、死刑）蒐集、分析、批判及應用不同觀點資料，進而提出自我的判斷、想法和理由，從而獲得更佳的學習效果。至於國語文領域，在「內容」的理解上，除生難詞語，還重視主題意旨的詮釋，且國語文的學習包含文學的成分，必須關注文本「形式」（文本中值得學習的句型、修辭和文體結構舖排方式）的分析、學習與應用。因應這些學習重點與目標上的不同，合適有效的閱讀策略自會不一（潘世尊，2018）。

二、閱讀素養教育成效：PIRLS的測驗結果

　　2006 年的 PIRLS 測驗結果，我國小學四年級學生的測驗成績在 45 個參與的國家及地區排名 22，大概為中等程度。這個結果讓許多國人深感訝異，因印象中臺灣一直甚為重視閱讀。為培養學生閱讀能力，108 課綱之前的九年一貫課程綱要國語文領域能力指標就包含利用不同策略進行閱讀（教育部國民及學前教育署，2008），教育部亦試圖透過相關計畫的推動提升學生學習成效。舉例來說，2001 至 2003 年推動的三年期「全國兒童閱讀計畫」，試圖在校園內營造良好閱讀環境及引導學生廣泛閱讀，具體措施包含在校園或教室設置圖書角及充實學校圖書資源 259 萬餘冊（含不同類型的圖書材料），並培訓師資 1 萬 3,000 餘名及補助民間公益團體和地方政府辦理相關活動。2004 至 2008 年教育部推動「焦點三百國小兒童閱讀計畫」，選定 300 所文化資源不利學校培訓閱讀師資及強化閱讀環境以增進兒童閱讀興趣和能力（林巧敏，2009；柯華葳，2020；陳明蕾，2019）。2006 至 2008 年教育部還推動「偏遠地區國民中小學閱讀推廣計畫」，實施重點包含充實學校圖書資源、營造良好閱讀環境、培訓師資、補助民間公益團體及地方政府辦理閱讀相關活動（林哲慈，無日期）。

　　然而，PIRLS 2006 測驗結果顯示我國政府過往所推動的措施及課堂中的教學，存在值得重視的問題與改善空間。該測驗國家報告即指出學生閱讀的文體材料宜更寬廣、每科教師都應介紹學生不同文體內容的閱讀方法、學校應加強詮釋理解歷程的教學及引導學生在閱讀過程進行較高層次的思考、政府及學校應透過研修活動加強在職教師進行閱讀教學的能力、教師字詞教學時間偏高、每天進行閱讀策略教學的老師比例偏低、課堂應提高閱讀理解教學的比例等問題及未來的努力方向（柯華葳、詹益綾、張建好、游婷雅，2008）。

　　因應 PIRLS 2006 年測驗結果及國家報告中發現的問題和建議，國科會教育學門於 2010 年公布閱讀研究議題徵求閱讀研究計畫，教育部則於 2008 至 2014 年推動「悅讀 101─國民中小學提升閱讀計畫」（以下簡稱「悅讀 101 計畫」），目標包含培養學生閱讀習慣、提升教師閱讀教學知

能、增進親子閱讀互動、增加學生閱讀廣度及強化學生終身學習基本能力。除繼續補助學校圖書及閱讀活動的辦理，還設置圖書教師及推動閱讀策略教學，希冀教師課堂教學活動能引導學生進行較高層次的閱讀理解活動（林巧敏，2009；柯華葳，2020；張芳華，2017）。王全興（2008）過往即曾依研究結果指出國小國語文領域授課教師，認為最有迫切需要的研習項目為閱讀指導教學。提升教師課堂閱讀教學能力，是「悅讀101計畫」和前期計畫有所不同的一個重點（陳明蕾，2019）。

「悅讀101計畫」透過大學和小學的協同合作教學實驗，出版《閱讀理解策略教學手冊》，並設置師資人才培育中心、發展師培教材（包含提出閱讀理解策略成分雙向表、建立課文本位閱讀理解教學模式）、辦理初階與進階及磨課師研習，以及設置亮點和基地學校（柯華葳，2020；柯華葳、幸曼玲、陸怡琮、辜玉旻，2010）。除以閱讀磐石獎鼓勵績優學校，還針對閱讀活動推動不利學校派專員到校輔導。有鑑於PIRLS測驗的文章長度超過1,000字，當時國小中年級教科書課文長度平均只有400字左右，不利學生發展深度理解所需的閱讀能力，所以還提供三篇適合學生閱讀的長文作為教師教學補充教材，並透過與各縣市國語文輔導團的合作，提升教師於課堂問好問題的能力（張芳華，2017；陳明蕾，2019）。「悅讀101計畫」可說是從過往的小規模實施閱讀教育，轉變為中小學全面推動（林巧敏，2009）。

2015至2017年教育部推動「提升國民中小學學生閱讀教育實施計畫」，內容包含「教學增能」、「資源整合」、「情境營造」、「偏鄉關懷」及「配套措施」五大面向工作重點。「教學增能」旨在增置國中小閱讀推動教師、開發並推廣教師閱讀理解策略教學方案（如結合閱讀策略教學理論及教科書中的課文教材發展可於課堂教學實施的閱讀策略教學模式）及系統性實施閱讀教學增能訓練。「資源整合」含開發閱讀補充教材、推薦優質圖書及鼓勵學校與公私立圖書館合作，讓學生閱讀場域從校內拓展至校外，並建置全國性整合閱讀資源網路。「情境營造」乃國中小全面實施晨讀運動、改善圖書空間設備、各校視區域特性與校園空間規劃閱讀角，提升閱讀風氣。「偏鄉關懷」重點在補助學校辦理各項閱讀活

動、分發教育替代役男至愛的書庫進行閱讀推廣工作，並和民間團體合作辦理閱讀活動。「配套措施」則是辦理新生閱讀推廣計畫、贈書給小一及國一新鮮人，並鼓勵親師生共讀及辦理講座，從日常生活培養學生閱讀興趣（林哲慈，無日期；陳明蕾，2019）。

　　分析「悅讀101計畫」及「提升國民中小學學生閱讀教育實施計畫」之內容，都重視閱讀理解策略教學的強化與教師增能。教育部於2015至2017年推動的「閱讀教育中長期實施計畫」，在全國成立四個閱讀教學人才區域中心，透過初階線上及進階實體共作課程進行全國大規模師資培訓，藉以增進教師於課堂進行閱讀教學之專業知能（陳明蕾，2019）。其中，發展課文／課堂本位閱讀理解教學模式，是相當值得肯定的做法。潘世尊（2003）在此之前即以「課」的教學為基礎，透過行動研究的方式將閱讀策略的學習及其後設認知的培養融入國語文「課」的教學，並提出一套完整的教學模式與流程（潘世尊、黃秀琦、潘幸玫，2012）。在這之前及當時，閱讀策略教學相關研究多未和實際國語文課堂教學及課文教材結合，因而有實際運用可行性的問題。

　　柯華葳（2020）在「臺灣閱讀策略教學政策與執行」一文說明，2011、2016年PIRLS教師問卷顯示教師每天教導學生摘寫大意方法的比例，由2006年的17.54%提升為21.69%和22.40%，教導或示範略讀或瀏覽的策略則由2006年的2.73%提升為11.87%、18.90%。每天要求學生摘取大意、解釋閱讀材料、比較自我經驗或以前所閱讀材料、預測、歸納與推論及描述風格和結構的教師比例，相較於2006年，2011及2016年的調查結果皆逐漸提升。課堂實際觀課結果，教師教導的閱讀策略包含利用部件辨識以識字、擴展詞彙、重述故事重點、說出課文大意、以刪除／歸納／主題句寫大意、以文章結構寫大意、以六何法自我提問、有層次自我提問及由本文找支持的理由等項目。這些結果顯示教師閱讀素養教學相關知能與內涵，已有某種程度的改變。

　　陳明蕾（2019）的研究結果指出，2011與2016年PIRLS測驗年度較2006年有更多教師使用長篇小說進行閱讀教學，且2016年有更多教師更常使用「非小說」類材料實施閱讀教學。該研究報告還說明教師愈常使

用長篇小說進行閱讀教學，學生 PIRLS 測驗總成績及故事體、說明文、直接理解和詮釋理解成績愈好。教師每天讓學生默讀及經常教導學生略讀策略、針對閱讀過的材料提出理由以支持自我看法、就閱讀材料進行預測及描述閱讀材料風格與結構的比例，隨調查年度而遞增。教師經常要求學生就閱讀過的材料進行口頭回答或口頭概述的比例，2011 與 2016 年度亦逐漸增加。教師愈常進行此類活動，學生 PIRLS 測驗總成績及故事體、說明文、直接理解和詮釋理解成績也會愈好。2016 年的調查結果還顯示，教師經常引導學生針對閱讀過的材料和同儕進行討論的比例，明顯較 2006 與 2011 年高。這些研究結果同樣顯示教師改變教學內涵，課堂教學更能運用不同方式促進學生閱讀理解，且這些改變和學生 PIRLS 測驗成績有所關聯。

　　從學生閱讀成就表現來看，我國四年級學生的 PIRLS 測驗成績由 2006 年的 535 分、第 22 名（45 個國家及地區參加，排名前 48.89%）進步為 2011 年的 553 分、第 9 名（49 個國家及地區參加，排名前 18.37%）。2016 年，又提升為 559 分、第 8 名（50 個國家及地區參加，排名前 16%）。從 2006 年初次參加 PIRLS 測驗到 2016 年這十年之間，整體名次提升 14 名（排名從前 48.89% 進步到前 16%）、平均分數則進步 24 分。2018 至 2021 年教育部持續推動「提升國民中小學學生閱讀素養實施計畫」，重點仍在透過教學增能、資源整合、情境營造、偏鄉關懷等多項措施及政府、民間團體和學校教師的協同合作，希冀持續增進閱讀教育成效（教育部國民及學前教育署，2022）。

　　2021 年 PIRLS 測驗共有 57 個國家及地區參與，我國學生整體表現成績平均為 544 分。受新冠肺炎疫情影響，此次測驗分三波進行。第一波依原定時程（2021 年）進行，共 40 個國家及地區的四年級學生參與（平均年齡 10.2 歲）。第二波有 14 個國家及地區參加，施測對象為五年級學生（平均年齡 10.8 歲）。第三波於一年後的 2022 年，針對三個國家及地區當時的四年級學生進行施測（平均年齡 10.2 歲）。第一與第三波受測學生平均年齡皆為 10.2 歲，合計 43 個國家及地區參與，測驗成績一併排名（Mullis, von Davier, Foy, Fishbein, Reynolds, & Wry, 2023）。我國成績與瑞

典並列第 7（排名前 16.28%，與 2016 年相近），前 6 名分別是新加坡、香港、俄羅斯、英國、芬蘭、波蘭。我國學生於故事體文章測驗的平均分數爲 533 分（第 17 名，排名前 39.53%），說明文平均分數則爲 549 分（第 7 名，排名前 16.28%）。此外，IEA 依據分數將受測學生表現分爲最高級（>625）、高級（625-550）、中級（550-475）、低分（475-400）及 400 分以下五個水準。我國學生成績爲最高級者占 10%、高級占 40%、中級占 45%、低分占 12%、未達 400 分占 3%（教育部國民及學前教育署，2023）。

　　整體而言，就 PIRLS 測驗分數而言，我國小學四年級學生從 2006 年的 535 分，於 2011、2016 年進步到 553 分、559 分。2021 年爲 544 分，仍較 2006 年高。在排名上，從 2006 年的第 22 名（排名前 48.89%）進步到 2011、2016 年的第 9 和第 8 名（分別排名前 18.37%、前 16%）。2021 年的排名（第 7，排名前 16.28%）雖和 2016 年相近而未再明顯往前推進，但已遠高於 2006 年的排名。這些數據似乎顯示我國學生的閱讀素養已有顯著提升。此外，張芳華（2017）以悅讀 101 計畫爲研究焦點，研究結果指出學生常接觸校內閱讀活動、學校常給予學生自由選書和安靜閱讀機會，能提升學生課後閱讀參與。悅讀 101 及其後的閱讀教育計畫大抵爲全國性的全面推動，依此一研究結果推估，相較於 2006 年，這些計畫推動之後，全國中小學生常接觸校內閱讀活動及學校常給予學生自由選擇書籍和安靜閱讀機會的比例應會增加，學生參與課後閱讀的比例應也會隨之增加。惟這是否和學生 PIRLS 測驗成績有關，是另一項值得探究的課題。

 ## 參　閱讀素養教育的問題與展望

　　從 2006 至 2021 年，我國小學四年級學生參加 PIRLS 測驗成績與排名雖然有所提升，且教師自評進行閱讀策略教學情況也有改善，但就閱讀素養教育而言，仍有值得精進強化之處。以 2021 年 PIRLS 測驗結果爲例，相關問題如我國學生的成績排名雖和 2016 年相近，但測驗成績卻從 2016 年的 559 分下降爲 544 分，且低分組學生比例升高（由 2016 年的 8%

增加為 2021 年的 12%）、城鄉及不同社經地位家庭學生成績差距明顯（受測學生為高社經家庭占 38%、平均分數 569；中社經家庭占 48%、平均分數 537；低社經家庭占 14%、平均得分 502；高社經和低社經家庭學生得分相差 67 分）、學生於故事體文章測驗成績低於說明文成績（故事體得分為 533、說明文為 549，相差 16 分）（嚴文廷，2023）。

除了這些值得探討的現象和問題，以下將從不同角度切入，針對若干較少被關注但卻值得省思的課題進行說明與討論。

一、PIRLS測驗成績能否完整反應受測者的閱讀素養？──除了 PIRLS，也應關注更能完整了解學生閱讀素養的評量機制與工具

2006 年 PIRLS 測驗成績公告後，每五年實施一次的 PIRLS 測驗，彷彿是教育部推動閱讀素養教育的成績單。以近兩次測驗為例，教育部分別以「臺灣參加 PIRLS 2016 成果發表」及「我國參與促進國際閱讀素養研究（PIRLS）2021 成果」為題發布新聞稿及召開記者會。除說明及檢討我國學生成績表現，還回顧並展望教育部閱讀教育計畫（教育部國民及學前教育署，2017，2023）。許多媒體（如中央廣播電臺、親子天下、聯合報、報導者）也針對我國學生的成績表現與問題及閱讀教育可強化方向進行報導、討論或提出建議（陳國維，2023；親子天下媒體中心、陳盈螢，2023；趙宥寧，2023；嚴文廷，2023）。五年一次的 PIRLS 測驗成績，似乎代表學生閱讀素養學習成果的全部。

PIRLS 乃以故事體和說明文這兩種型式的文章為基礎進行測驗，每篇文章的文字數約在 900 至 1,600 字之間，測驗內容包含評量學生直接理解中的訊息提取、直接推論和詮釋理解中的詮釋整合與檢驗評估四種理解層次的問題。受測者須以文章內容為基礎，針對問題理解文本訊息內容並寫出自我的回答。2006、2011、2016 及 2021 年，我國學生整體平均成績分為 535、553、559、544，名次則分別是第 22、9、8、7 名。測驗分數有提升，是否就代表學生閱讀素養有實質增進？舉例來說，2016 年較 2011 年

高 6 分，是否就代表 2016 年受測的小學四年級學生之實質閱讀素養，較 2011 年的學生好？2021 年爲 544 分、2006 年爲 535 分，二者相差 9 分，是否亦意謂 2021 年參與測驗的小學四年級學生之實質閱讀素養較 2006 年的學生好？如果答案爲是，除了分數較高，實質閱讀素養是好在哪個地方？好的程度爲何？

　　陳明蕾（2019）的研究結果指出相較於 2006 年，經常要求學生針對閱讀過的材料進行口頭回答或口頭概述的教師比例，在 2011 與 2016 年逐漸增加，且教師愈常進行此類活動，學生 PIRLS 測驗成績愈好。以此推論，教師於課堂教學愈能提出對應 PIRLS 測驗四種閱讀理解層次的問題讓學生進行回答，學生於 PIRLS 測驗的表現應會愈佳。2006 年之前，當學生於日常課堂缺乏針對這四類閱讀理解層次問題進行思考、回答及書寫己見的經驗，自然不易於測驗過程展現良好成果。若此種推論具一定程度的合理性，學生在 PIRLS 測驗獲得較高分數，是否即有較佳的閱讀素養？

　　以 108 課綱國語文領域閱讀面向中的學習表現指標來說，除希望學生能「讀懂與學習階段相符的文本」、「區分文本中的客觀事實與主觀判斷之間的差別」、「連結相關的知識和經驗，提出自己的觀點，評述文本的內容」，還期待學生透過學習而逐漸具備的閱讀素養至少包含能「熟習適合學習階段的摘要策略，擷取大意」、「運用自我提問、推論等策略，推論文本隱含的因果訊息或觀點」、「因應不同的目的，運用不同的閱讀策略」、「結合自己的特長和興趣，主動尋找閱讀材料」、「大量閱讀多元文本，辨識文本中議題的訊息或觀點」及「運用圖書館（室）、科技與網路，進行資料蒐集、解讀與判斷，提升多元文本的閱讀和應用能力」（教育部國民及學前教育署，2018）。易言之，除閱讀理解能力，學生還應能習得各項閱讀策略並具備這些閱讀策略的後設認知，成爲一個能主動調節自我透過閱讀進行學習的自主閱讀者。

　　然而，這個部分的習性和能力並非 PIRLS 評量範疇，而這也意謂 PIRLS 測驗成績並無法反應學生閱讀素養的全部。無論是教育實務工作者、學術研究者、政策制定與推動者或社會大眾，都要以更爲嚴謹審慎的態度面對 PIRLS 測驗結果。除嘗試釐清我國受測學生成績提升於閱讀素

養增進上的實質意義，還可設法建構可更爲完整了解學生閱讀素養的評量機制與工具，方能從較爲全面的角度解讀 PIRLS 測驗成績。學生閱讀素養的評估及閱讀素養教育的推動，也才能避免受到 PIRLS 測驗結果的侷限性所限制而不自知。

二、教師課堂教學是否有效促進閱讀策略及其後設認知的習得？——除問卷調查，可更加全面了解教師課堂教學實際情況

在PIRLS測驗，學生會面對和訊息提取、直接推論、詮釋整合及檢驗評估等和四種閱讀理解層次有關的問題。此種情況就如前文所述，若學生在課堂上經常性的面對這四類問題，相較於未曾或較少必須針對這些問題進行思考及提出口頭和書面回答的學生，PIRLS測驗成績可能會有較佳表現。惟即使如此，學生在自行閱讀各種文本材料過程，未必會主動關注對應這四種閱讀層次的訊息或潛隱內涵，也未必能提出可對應這四種閱讀層次的問題。易言之，PIRLS測驗得高分的學生，可能只是反應閱讀素養中的某種能力或表現較好，但未必是能主動提出問題以獲得不同面向深入理解效果的自主閱讀者。不同領域文本特性及學習重點不一，一個好的自主閱讀者還能因應不同領域學習目的與重點及文本材料特性，主動運用不同策略進行閱讀，而不只是被動回應教師的提問，而這也是PIRLS測驗無法評估的部分。

針對領域特性與學習重點，運用教材（如國語文中的記敘文、說明文或議題文等不同文體的課文）教導學生可獲得不同面向深入理解的閱讀策略，並培養學生相關後設認知，應是課堂教學重點之一。舉例來說，在國語文教學，可配合課文性質與內容教導學生運用預測、釐清生難字詞、組織文本內容與歸納課文大意（先將各自然段組織成意義段，然後透過歸納抽取出各個意義段的大意，同時運用各個意義段的大意組織文本結構，再從各個意義段大意的歸納抽取出全文大意）、將各部分大意轉化爲問題（同時運用轉化出來的問題組織成更精簡的文本結構）、推測主旨（利用

課文大意及各部分大意推論文本主題意旨）、批判質疑（針對文本內容的眞實性與合理性提出質疑性的問題）、形式（修辭、句型、文本組織結構）賞析與應用、統整收穫（內容與形式上的收穫）感想及提出 PIRLS 四層次問題（即提出「訊息提取」、「直接推論」、「詮釋整合」、「檢驗評估」四類問題及嘗試回答）等方法與技巧進行閱讀，並運用「認知學徒制」（cognitive apprenticeship）的概念涵養學生的後設認知（潘世尊，2003，2018；潘世尊、黃秀琦、潘幸玫，2012）。在社會領域，教師可因應社會領域文本特質（說明文）與學習目標特性，教導學生主動透過「概念構圖」策略組織文本內容，而非只是等待教師教導和劃重點，並引導學生延伸課文內容提出可進一步探究的議題，且主動搜尋不同觀點資料，並於分析、判斷及討論後提出自己的見解和主張。這些閱讀策略的教導及其後設認知的培養，不但可對應 PIRLS 測驗所關注四種閱讀理解層次及學科領域特性，還可促進學生往自主閱讀者的方向前進，從而能在往後的閱讀過程運用合適策略深入閱讀及自主提問。

陳明蕾（2019）於「台灣十年來教師閱讀教學與學生閱讀表現關係之探討：來自 PIRLS 2006、2011 與 2016 的證據」之研究發現，教師經常讓學生默讀及教導學生略讀以外的閱讀策略教學比例，在這三個年度的教師問卷調查結果並無明顯變化趨勢，且教師進行閱讀策略之頻率並未影響學生 PIRLS 測驗成績表現。就此結果，首先，就如前文所述，若學生在課堂經常性的面對類似 PIRLS 測驗可能提出來的問題，則在 PIRLS 測驗即可能會有較佳的成績表現。其次，教師即使教導閱讀策略，所教導的閱讀方法與技巧未必涵蓋 PIRLS 測驗所關注的四種閱讀理解層次，且未必引導學生結合閱讀策略的學習和運用主動提出問題並自我回答。這兩個原因，或許是教師閱讀策略教學頻率並未影響學生 PIRLS 測驗成績表現的可能原因。然而，實際情況究竟爲何？是與上述推論一致或另有其他因素？再者，教師於課堂教學進行閱讀策略教學及其後設認知培養實際情況爲何？教師所教導閱讀策略是否涵蓋 PIRLS 測驗所強調的四種閱讀理解歷程？問題及困境何在？這些都是值得關注與深入探究的課題，因它們是培養自主閱讀者的核心與關鍵所在。

三、教育政策成效評估是否深入對應閱讀素養學習成效與教學 關鍵議題？——除概括推論，也宜透過實徵性證據深究學 習與教學成效實際情況和問題

2006 年 PIRLS 測驗成績揭曉之後，教育部推動內容不同於過往的「悅讀 101 計畫」（2008-2014 年），其後並持續推動「提升國民中小學學生閱讀教育實施計畫」（2015-2017 年）、「提升國民中小學學生閱讀素養實施計畫」（2018-2021 年）。目前，正在推動的是「新世代雙閱讀—提升國民中小學學生閱讀素養實施計畫」（2022-2026 年）（教育部國民及學前教育署，2022）。

2011 年，我國學生 PIRLS 測驗成績由 2006 年的 535 分（排名第 22）提升為 553 分（排名第 9），2016 年又提升為 559 分（排名第 8）。針對 2016 年的成績，教育部說明過往所推動的「提升國民中小學學生閱讀教育實施計畫」，重要措施包含成立「閱讀師資區域人才培育中心」（全國成立 5 個區域中心長期培植 62 所基地與亮點學校、培訓閱讀理解教學師資及發展國中小跨領域閱讀理解教學模式與教案供教師使用）、「持續推動國中小 MSSR（身教式持續靜默閱讀）晨讀運動」（透過晨讀培養學童獨立閱讀能力）、「辦理 Bookstart 閱讀起步走—新生閱讀推廣計畫」（贈送小一入學新生新書及發展親子閱讀手冊）、「持續補助充實國中小圖書館（室）藏書量」（一般國中小學校館藏達 1 萬冊、偏遠地區小校〔學生數 200 人以下學校〕每生至少擁有 50 冊書籍可借閱）及「每年增置國中小圖書館閱讀推動教師」（國小共 300 名、國中共 100 名，落實圖書館利用教育）。教育部還說明「我國學生在 PIRLS 2016 亮眼的表現，是過去多年由中央及地方政府、學校、教師以及民間共同努力的成果」、「在深耕閱讀、閱讀中程計畫的推動下，近年已逐漸喚起學校及大眾對閱讀的重視，各級學校閱讀硬體設備及圖書也陸續充實更新。現場教師更是透過閱讀策略培力工作坊、閱讀策略教學方案推動，逐步落實閱讀教育」（教育部國民及學前教育署，2017）。

我國學生 2016 年 PIRLS 測驗成績雖高於 2011 年（排名也由第 9 名

提升為第 8 名），當年度的國家報告仍指出學生表現值得關注與強化之處，如學生於故事體測驗的得分（548 分）低於說明文（569 分）；學生學校位於大城市（人口 50 萬以上）成績（566.92 分）高於中型城鎮（人口 5-50 萬之間，559.68 分）。學生學校位於中型城鎮成績，又高於小村鎮成績（人口 5 萬以下，546.19 分）（柯華葳、張郁雯、詹益綾、丘嘉慧，2017）。然而，2021 年 PIRLS 測驗，我國學生成績由 2016 年的 559 分下降為 544 分，且學生於故事體的得分低於說明文（故事體為 533 分，第 17 名，排名前 39.53%；說明文為 549 分，第 7 名，排名前 16.28%，相差 16 分）。故事體得分低於說明文的情況，其實從 2006 年（故事體 530 分、說明文 538，分，相差 8 分）、2011 年（故事體 542 分、說明文 565 分，相差 23 分）到 2016 年（故事體 548 分、說明文 569 分，相差 21 分）都一直存在。2011、2016 及 2021 年故事體與說明文得分之差距，還都高於 2006 年。姑且不論 PIRLS 測驗是否真能完整衡量學生的閱讀素養，這個問題橫跨 15 年來一直存在，顯示閱讀政策執行成效評估可再深入落實。PIRLS 中的故事體測驗之題目內涵特性、我國學生答題情況與問題及教師閱讀理解教學（含閱讀策略教學）是否對應 PIRLS 故事體測驗題目特質及其可強化之處都是值得深究的課題，也才能據以推動證據本位改善方案。

又如 2016 年的國家報告已指出城鄉差距的問題。2021 年的測驗結果不但未拉近大城市、中型城鎮及小村鎮學校學生表現之差距，還出現「大都市獨走、中型城鎮與小村鎮靠近的趨勢」（嚴文廷，2023）。為提升偏鄉學校學生閱讀素養，教育部早在 2004 至 2008 年就推動「焦點三百國小兒童閱讀計畫」。2006 至 2008 年，還推動「偏遠地區國民中小學閱讀推廣計畫」（林哲慈，無日期）。城市與鄉村之中，會影響學生學習成就的資源、師資、學習環境或同儕互動可能不同。都市家長社經地位整體情況，也可能優於鄉下地區。家長社經情況會影響學生學習成就，早被甚多研究證實。2021 年受測學生為高社經家庭占 38%、中社經家庭占48%、低社經家庭占 14%，平均分數分別是 569、537、502 分（嚴文廷，2023）。設法避免學生因外在環境差異而決定學習成果的差異，是教育

主管單位積極推動事務，也是教育主管單位應為之事。PIRLS 2021 年測驗結果顯示這個部分的努力，亦有加強空間。從 PIRLS 測驗方式的角度來看，除師資條件，中型城鎮及小村鎮學校教師課堂教學提問對應 PIRLS 四種理解層次的情況，以及閱讀策略教學（含能對應 PIRLS 測驗四種閱讀理解層次閱讀策略教學）實施情況都可深入探究，再依實徵性研究結果推動相關強化措施，而非僅以概括性的推論解釋學生成績表現及其問題。

除了上述，2021 年 PIRLS 測驗成績較 2016 年下降 15 分（本次施測有 21 個國家因 COVID-19 疫情影響課程進行，但我國並未受到影響），且低分族群學生擴大（教育部國民及學前教育署，2023）。2016 年，參與測驗學生得分為最高級（>625）占 14%、高級（625-550）占 42%、中級（550-475）占 34%、低分（475-400）占 8% 及 400 分以下占 2%。2021 年，最高級為 10%、高級為 40%、中級為 45%、低分為 12%、400 分以下為 3%（柯華葳、張郁雯、詹益綾、丘嘉慧，2017；教育部國教署，2023）。相較 2016 年，2021 年得分為最高級與高級之學生比例合計下降 6%、低分及 400 分以下學生比例合計上升 5%。針對上述現象：首先，從 PIRLS 測驗方式的角度來看，除深入評估可能影響閱讀成效相關因素實施情況，還可針對教師課堂教學對應 PIRLS 測驗所關注的四種閱讀理解歷程之情況（含課堂提問及閱讀策略教學情況）進行全面性的深入研究，再依研究結果推動因應方案。其次，可就低分群學生特質及其答題情況深入分析以了解關鍵問題所在，避免僅做個人經驗性的原因判斷和推論。無論如何，透過實徵性證據深究學生閱讀素養學習及教師教學成效實際情況和問題，再推動證據本位閱讀素養強化方案，應是後續可再努力精進之處。

 ## 肆 結語

閱讀是學習、獲取新知及解決問題的重要管道，閱讀素養教育乃一值得關注的重要教育課題。108 課綱國語文領域，針對閱讀素養明確列出不同學習階段的學習表現指標。我國從 2006 年參加 PIRLS 測驗後，教育實務工作者及社會大眾常以 PIRLS 測驗成績代表學生閱讀素養及閱讀教育

實施成效。然而，PIRLS 僅測驗學生對不同文體文章理解情況。閱讀教育的一項重要目標在教導學生閱讀策略並培養其後設認知，從而逐漸往自主閱讀者的方向前進，此乃閱讀素養重要內涵。108 課綱國語文領域閱讀面向學習表現指標，就涉及閱讀策略及其後設認知的學習和培養。學生是否具備不同領域閱讀策略及其後設認知，且有能力依目標之不同而實際展現相對應的能力，並非 PIRLS 測驗所能評量，PIRLS 測驗評量焦點亦非在此。教育工作者應釐清閱讀素養的內涵，方能較為周延完備的推動及實施閱讀素養教育。

　　2006 年 PIRLS 測驗後，教育部推動一系列閱讀素養提升方案。2011、2016 及 2021 年的測驗成績都高於 2006 年。教師問卷調查結果也顯示課堂教學面貌有所改變，教師進行閱讀教學（含閱讀策略教學）的成分有所提升。然而，PIRLS 測驗成績並無法完整反應受測者的閱讀素養。若教師課堂教學多提出對應 PIRLS 測驗四種閱讀理解層次的問題讓學生思考和回答，相較於缺乏或較少此種經驗的學生，時常經歷此種學習情境的學生之測驗成績即可能較高，惟這未必意謂學生具備較佳的閱讀素養。學生善於被動回答教師或 PIRLS 測驗中的提問，不等同於能適當運用不同閱讀策略以達成目標及有效學習。除了學生在 PIRLS 測驗中的成績表現，教育工作者及主管機關也應關注更能完整了解學生閱讀素養的評量機制與工具。

　　除了上述，對於閱讀素養的培養而言，教師課堂教學能否有效促進閱讀策略的習得及其後設認知的培養，是一項重要課題。不過，教師於問卷調查中的自陳未必等同課堂教學實際情況。教育工作者及主管機關可設法更加全面了解教師課堂教學實際情況，再據以推動改善措施。再者，除運用 PIRLS 測驗成績概括性的推論閱讀素養教育政策實施成效，針對故事體成績一直低於說明文分數、城鄉差距擴大、低分組學生增加、2021 年測驗成績下降（含成績提升或下降究竟是否反映閱讀素養的實質差異、哪個面向的差異及差異程度）等問題，可透過更為完整且嚴謹的研究加以了解，再推動證據本位的閱讀素養教育改善方案，從而更為有效提升十二年國民教育實施成效。

參考文獻

一、中文部分

王全興（2008）。九年一貫課程改革的成效評估與實務需求之整合研究──以國小國語文領域爲例。彰化師大教育學報，**13**，25-62。

林巧敏（2009）。推動國中小學童數位閱讀計畫之探討。**臺灣圖書館管理季刊**，**5**(2)，49-67。

林哲慈（無日期）。**閱讀新計畫──「提升國民中小學學生閱讀實施計畫」**。取自k12ea.gov.tw/files/epaper_ext_id/2a613cf3-4271-4f07-8028-0c7e10d7e3b5/doc/國教署電子報閱讀新計畫.pdf

柯華葳（2020）。臺灣閱讀策略教學政策與執行。**教育科學研究期刊**，**65**(1)，93-114。DOI: 10.6209/JORIES.202003_65(1).0004

柯華葳、幸曼玲、陸怡琮、辜玉旻（2010）。**閱讀理解策略教學手冊**。臺北：教育部。

柯華葳、張郁雯、詹益綾、丘嘉慧（2017）。**PIRLS 2016 臺灣四年級學生閱讀素養國家報告**。桃園：國立中央大學學習與教學研究所。

柯華葳、詹益綾、張建妤、游婷雅（2008）。**PIRLS 2006 報告：臺灣四年級學生閱讀素養**。桃園：國立中央大學學習與教學研究所。

教育部國民及學前教育署（2008）。**國民中小學九年一貫課程綱要語文學習領域（國語文）**。取自https://www.k12ea.gov.tw/files/97_sid17/國語文970505定稿.pdf

教育部國民及學前教育署（2018）。**十二年國民基本教育課程綱要──國民中小學暨普通型高級中等學校：語文領域──國語文**。取自https://www.k12ea.gov.tw/files/class_schema/課綱/3-國語文/3-1/十二年國民基本教育課程綱要國民中小學暨普通型高級中等學校語文領域-國語文.pdf

教育部國民及學前教育署（2017）。**臺灣參加PIRLS 2016成果發表**。取自https://www.edu.tw/News_Content.aspx?n=9E7AC85F1954DDA8&s=0AD5

FF272557758E

教育部國民及學前教育署（2022）。**新世代雙閱讀-提升國民中小學學生閱讀素養實施計畫**。取自file:///C:/Users/user/Downloads/新世代雙閱讀-提升國民中小學學生閱讀素養實施計畫%20(2).pdf

教育部國民及學前教育署（2023）。**我國參與促進國際閱讀素養研究（PIRLS）2021成果**。取自https://www.edu.tw/News_Content.aspx?n=9E7AC85F1954DDA8&s=EEACE633825FBC27

張芳華（2017）。學校推廣閱讀活動對國小四年級學童課後閱讀參與的影響：以悅讀101計畫爲例。**教育研究集刊，63**(2)，101-133。DOI: 10.3966/102887082017066302003

陳明蕾（2019）。台灣十年來教師閱讀教學與學生閱讀表現關係之探討：來自 PIRLS 2006、2011 與 2016 的證據。**教育心理學報，51**(1)，51-82。DOI: 10.6251/BEP.201909_51(1).0003

陳國維（2023）。**PIRLS閱讀素養—台灣全球第七歷屆最佳**。取自https://www.rti.org.tw/news/view/id/2167931

潘世尊（2003）。**一個行動研究者的雙重追尋：改善教學與對行動研究的認識**。國立高雄師範大學教育學系博士論文，未出版，高雄市。

潘世尊（2016）。以PIRLS閱讀理解歷程爲基礎之「提問」策略教學。**弘光學報，78**，147-161。DOI: 10.6615/HAR.201609.78.11

潘世尊（2018）。培養自主高效閱讀者──愼齋小學的國語文閱讀教學。**愼齋，14**，2-15。

潘世尊、黃秀琦、潘幸玫（2012）。國小國語文「課」的教學──一個教育工作者的反省性探究。**國民教育學報，9**，215-246。DOI: 10.6390/JREE.201212.0215

親子天下媒體中心、陳盈螢（2023）。台灣小四生會讀題、不善賞析！**PIRLS 閱讀力：歷年分數最低、名次最高**。取自https://www.parenting.com.tw/article/5095456

趙宥寧（2023）。**2021國際閱讀素養調查PIRLS公布—台灣「進步一名」但成績降**。取自https://udn.com/news/story/6885/7168942

嚴文廷（2023）。【**2021國際閱讀素養調查**】台灣孩子分數首度下滑的兩大
　　警訊：低分族群比例擴大、理解情感能力不足。取自https://www.twre-
　　porter.org/a/taiwan-pirls-2021

二、英文部分

Hilden, K. R., & Pressley, M. (2007). Self-regulation through transactional
　　strategies instruction. *Reading & Writing Quarterly, 23,* 51-75. https://doi.
　　org/10.1080/10573560600837651

Mullis, I.V. S., Martin, M. O., Kennedy, A. M., Trong, K. L., & Sainsbury, M.
　　(2009). *PIRLS 2011 assessment framework.* Chestnut Hill, MA: Boston Col-
　　lege.

Mullis, I. V. S., von Davier, M., Foy, P., Fishbein, B., Reynolds, K. A., & Wry, E.
　　(2023). PIRLS 2021 international results in reading. Boston College, TIMSS
　　& PIRLS International Study Center. https://doi.org/10.6017/lse.tpisc.tr2103.
　　kb5342

OECD (2019). *PISA 2018 assessment and analytical framework.* Retrieved from
　　file:///C:/Users/user/Downloads/PISA%202018-Reading-Framework%20(4).
　　pdf

第二章

十二年國教素養導向
課程的本土化展望

方德隆

英國威爾斯大學卡迪夫學院教育學系哲學博士
國立高雄師範大學教育系教授兼教育學院院長

壹 前言

《十二年國民基本教育課程綱要總綱》（教育部，2014發布／2021修正）研修背景中指出：「此次／歷次研修係就現行課程實施成效進行檢視，並本於憲法所定的教育宗旨，盱衡社會變遷、全球化趨勢，以及未來人才培育需求，持續強化中小學課程之連貫與統整，實踐素養導向之課程與教學，以期落實適性揚才之教育，培養具有終身學習力、社會關懷心及國際視野的現代優質國民。」從上述《十二年國教課程綱要》研修背景的說明可以看出兩個重點，第一是「實踐素養導向之課程與教學」為十二年國教課程改革的核心理念；第二是課程綱要研修「本於憲法所定的教育宗旨，盱衡社會變遷、全球化趨勢，以及未來人才培育需求」，課程綱要研修依照臺灣憲法揭示的教育宗旨，也要考量全球化趨勢，「培養具有終身學習力、社會關懷心及國際視野的現代優質國民。」顯見，《十二年國教課程綱要》的研修是基於素養導向課程的理念，參酌臺灣教育的現況與社會變遷需求，審視其他國家教育／課程改革及全球化趨勢，制定妥適可行的課程綱要。

十二年國教課程基於素養導向的理念無庸置疑，不論是教育學術界或課推系統，均將素養導向課程作為課程實施的重要概念，教育部國教署國民中小學課程與教學整合平臺（CIRN）中，「素養導向課程教學與評量」項目中提及素養導向課程、教學與評量的理論與實踐，包括參考示例及手冊。

事實上，「素養導向教育」（competency-based education）已經成為各國教育的趨勢，不同國家的用詞不同，但都在強調培養學生具備「基本且共同的核心素養」、「跨領域的通用素養」及「二十一世紀生活所需的素養」的理念，皆強調培養學生具備新世紀基本且共同的知識、能力與態度的理念（楊俊鴻，2018）。「素養導向教育」或以素養為核心來發展課程，源於聯合國教育科學文化組織（UNESCO）、經濟合作暨發展組織（OECD），以及歐洲聯盟（EU）等國際組織教育報告書，幾乎成為一種全球化的教育趨勢。

在全球化教育的浪潮下，臺灣歷次的課程改革均根據臺灣的現況與需求，近二十餘年來也參考國際間素養導向的教育趨勢來研修課程綱要，從《九年一貫課程綱要》的國民「基本能力」到《十二年國教課程綱要》的「核心素養」，皆反映兼顧臺灣本土及全球國際的教育發展需求。

最近一次修正《十二年國民基本教育課程綱要總綱》（教育部，2021）係為彰顯國家語言平等之理念，並因應《國家語言發展法》第 9 條第 2 項規定：「中央教育主管機關應於國民基本教育各階段，將國家語言列為部定課程」，以落實《國家語言發展法》之內涵與精神，很顯然是重視臺灣本土教育／語言發展的需求。

本章主要觀點認為教育／課程改革會兼顧本土論述與國際論述，從《九年一貫課程綱要》及《十二年國教課程綱要》的修訂均可見一斑。十二年國教素養導向課程的發展與實施皆需要落實於實際的教育現場，素養導向課程應轉化為本土教育環境中可以實踐的理念與方法。

 ## 教育改革的本土論述與國際論述

臺灣的教育改革，或是課程改革，其基本理念不外是基於本土論述與國際論述兩大面向。就國際化而言，任何教育改革免不了引述其他國家的實況，以為政策作辯護。九年一貫課程所欲培養的十項國民教育基本能力，也參考其他先進國家或國際組織的做法，例如澳洲教育改革提出的關鍵能力／素養（key competencies）（吳裕益，1998），與九年一貫課程的基本能力幾乎雷同。參考他國或國際組織所發展的教育概念，無論是基本能力、關鍵能力或素養，都需要落實於實際教學現場的中小學當中，所以無論是九年一貫課程所欲培養的十項國民教育基本能力，或是十二年國民基本教育三面九項核心素養的課程發展，都可視為從國際論述到本土論述「再概念」的過程。

從 2000 年實施九年一貫課程以來，臺灣學術界對於課程改革的理論分析不多，更缺乏批判的觀點。陳伯璋（1999）認為九年一貫課程反映了世紀末的時代精神：反集權（或權威）、反知識本位（或專業）、及反菁

英導向。但有少數學者提出批評，例如：九年一貫課程「漠視學理根據、忽略社會特性」、「沒有哲學思想、缺乏人文素養」、「成人世界的大拼盤、忽視學生主體性」（余安邦，1998）；「缺乏國家目標與民族情感的論述」（楊洲松，1999）；由理論上來看，十項基本能力的規劃傾向行為主義，主張能力導向的目標模式，而學校本位課程發展，採取七大學習領域進行課程統整，則具有進步主義的色彩，兩者所隱含的基本假設幾乎南轅北轍（歐用生，1999）；新課程對哲學知識論與知識社會學的探討不足，而七大學習領域統整的理論基礎薄弱（方德隆，2001）。

九年一貫課程所強調「能力」的觀點，應極力避免落入行為主義能力觀之窠臼，否則容易扭曲知識之本質，誤解學習之意義及忽視教師角色之問題（歐用生，1999）。九年一貫課程係從強調「知識的認知」學術本位的科目課程型態，轉為以「實用能力」或「知識的能力」的概念為核心的實用課程（蘇永明，2001），惟學科知識的層次是比較現代的，因為它的組織比較偏向理性化的思考模式。學科知識與十項基本能力之間，並沒有必然的關係（蘇永明，2002）。

檢視九年一貫課程的發展與實施，可發現幾個重要的特徵：

一、將「課程標準」改名為「課程綱要」。

二、以培養現代國民所需基本能力為課程設計之核心架構，課程設計以學生為學習主體，以生活經驗為重心。

三、以「學習領域」取代分科的課程型態，以學習領域合科教學取代現行分科教學。

四、提供學校及教師更多彈性教學自主空間。

五、降低各年級上課時數減輕學生負擔。

六、以課程綱要的「分段能力指標」取代課程標準的「教材大綱」。

九年一貫課程的理論基礎是在課程發展之後才開始建構的（林生傳，2004），課程設計從「知識性導向」轉向「基本能力培育導向」，教師從課程教授者角色轉為課程設計者之角色，學生從接受知識者角色轉為主動學習之角色。《九年一貫課程綱要》將「基本能力」置於總綱綱要中的「基本理念」及「課程目標」；各領域綱要則以各學科／領域為本來發展分段

能力指標，最後列一張表說明分段能力指標與十大基本能力之關係，基本上，分段能力指標與十大基本能力的關係並不緊密。

十二年國教素養導向課程的論述

《十二年國民基本教育課程綱要》（108 課綱）似乎在九年一貫課程的理念尚未落實就已修訂後實施。《十二年國民基本教育課程綱要總綱》（教育部，2014）界定「核心素養」是指一個人為適應現在生活及面對未來挑戰，所應具備的知識、能力與態度。「核心素養」強調學習不宜以學科知識及技能為限，而應關注學習與生活的結合，透過實踐力行而彰顯學習者的全人發展。所謂核心素養的學習不受限於學科知識及技能，甚至應用所學實際生活中，培養二十一世紀公民所需的態度與素質。根據《十二年國民基本教育課程發展指引》，「核心素養」承襲過去課程綱要的「基本能力」、「核心能力」與「學科知識」，但涵蓋更寬廣和豐富的教育內涵。核心素養的表述可彰顯學習者的主體性，不再只以學科知識作為學習的唯一範疇，而是關照學習者可整合運用於「生活情境」，強調其在生活中能夠實踐力行的特質（國家教育研究院，2014）。所以《十二年國民基本教育課程綱要》的「核心素養」是承襲《九年一貫課程綱要》的「基本能力」，並強調學習者的主體性。

如果《十二年國民基本教育課程綱要》的「核心素養」與《九年一貫課程綱要》的「十項基本能力」有差異或不同，則須對此類似的名詞「再概念化」。林永豐（2018）認為《十二年國民基本教育課程綱要》的「核心素養」與《九年一貫課程綱要》的「十項基本能力」均源於國際趨勢中有關 "key competence/y" 的論述，均指稱廣義的能力，涵蓋認知、技能與情意。與《九年一貫課程綱要》相同的是，《十二年國民基本教育課程綱要》在國際化論述勝於本土化論述還是存在的現象。

檢視十二年國民基本教育課程的發展與實施，可發現幾個重要的特徵：

一、將「基本能力」改名為「核心素養」。

二、確立各教育階段（國小、國中及高級中等學校）核心素養具體內涵：依學生個體身心發展狀況，各階段教育訂有不同核心素養之具體內涵。

三、各領域／科目的課程綱要參照教育部審議通過的《十二年國民基本教育課程發展指引》，考量領域／科目的理念與目標，結合或呼應核心素養具體內涵，以發展及訂定「各領域／科目之核心素養」及「各領域／科目學習重點」。

四、課程類型區分為二大類：「部定課程」與「校訂課程」。

五、原九年一貫課程「自然與生活科技」學習領域在《十二年國教課程綱要》分為「自然科學」及「科技」兩個領域。

以素養為核心來發展課程，受到聯合國教育科學文化組織（UNESCO）、經濟合作暨發展組織（OECD），以及歐洲聯盟（EU）等國際組織與先進國家的重視，強調「關鍵／核心素養」（key/core competencies）所具備的「個人發展」和「社會發展」之關鍵功能，據以作為課程改革、課程發展與設計的關鍵 DNA，是培養高素質國民與世界公民的重要關鍵（蔡清田，2012）。

聯合國教科文組織（UNESCO）於 1996 年的「學習：內在的財富」Learning: The treasure within）報告書，以終身學習四大支柱的學習內涵來說明二十一世紀學習的樣貌：學會認知（learning to know）、學會做事（learning to do）、學會發展（learning to be）、學會與人相處（learning to live together）；2003 年的「開發寶藏：願景與策略 2002-2007」（Nurturing the Treasure: Vision and Strategy 2002-2007）報告書提出終身學習的第五支柱概念：學會改變（learning to change）。聯合國教科文組織（UNESCO, 2021）發表的 2050 年「未來教育：學習成長」（learning to become）報告書即是以「再生教育邁向人類共好的未來」為主軸，旨在重新構想知識和學習如何能夠塑造人類和地球未來的全球倡議，建構未來 30 年讓教育作為人類未來全球共好社會的驅動力。學習成長就是讓學習者發揮其潛能，進行學習轉化（learning to transform），不只學習傳統知能，還需要培養批

判思考、富有同理心，才能學習如何學習，師生共同設計學習方案，以符合學習者學習、重新學習、擺脫過時的思維、技能和知識的需求，讓學習者成爲自己的教師，這也呼應上述轉化的素養之培養（方德隆，2022）。

「核心素養」的官方論述爲《十二年國民基本教育課程綱要總綱》（教育部，2014）是指一個人爲適應現在生活及面對未來挑戰，所應具備的知識、能力與態度。經濟合作暨發展組織（OECD, 2019）在知識、技能與態度之外，還加了「價值」（values）。楊俊鴻（2018）認爲素養有廣義及狹義的見解：前者爲「高階素養」，後者爲「基礎素養」。《十二年國民基本教育課程綱要》除了《總綱》的「核心素養」之外，還有各領域綱要的「領域核心素養」，即使是後者的領域核心素養也不等於學科知識，係指學習者連結知識與生活情境，並能將所學應用於實際的生活脈絡中。

世界各國課程改革皆採用「素養」或「核心素養」的概念，韓國、紐西蘭、法國、西班牙、丹麥採用核心素養（core competencies/key competencies）、新加坡稱爲「二十一世紀素養」（21st century competencies）、美國使用「二十一世紀技能」（21st century skills）、德國稱爲「一般能力」（general capabilities）、日本稱爲「資質‧能力」，而芬蘭則稱爲「跨域素養」（transversal competencies）。各國雖然用詞不同，但都在強調培養學生具備「基本且共同的核心素養」、「跨領域的通用素養」及「二十一世紀生活所需的素養」的理念，都是在強調培養學生具備新世紀基本且共同的知識、能力與態度的理念（楊俊鴻，2018）。

楊龍立（2016）認爲，十二年國民基本教育核心素養觀的重大缺陷之一爲輕視知識，不僅延續《九年一貫課程綱要》只標榜能力指標的做法，而且還虛僞不實的在核心素養定義中列出知識，卻在核心素養詳細內涵說明時實質的予以抹滅掉。事實上，十二年國民基本教育課程的核心素養觀不僅輕視知識，而且還缺乏本土論述，以至於素養導向的國際論述不易於教育的實際現場中落實。

肆　十二年國教素養導向課程的本土論述

經濟合作暨發展組織（OECD, 2017）提出全球素養（global compe-tences）的概念，也希望透過「國際學生能力評量計畫」（Programme for International Student Assessment, PISA）進行學習評量。全球素養是指從不同的觀點，針對全球及跨文化的議題進行批判分析的能力，能夠了解差異如何影響自己與他人的感受、判斷與觀點，而且能基於對人性尊嚴的尊重，與來自不同背景的他人進行公開、適切及有效能的互動。全球素養從不同文化的觀點出發，是悅納異己，也是融合差異的概念。從跨文化素養的文獻、理論與架構來看，全球素養及全球公民的概念，確實主要源於西方的脈絡。但是相關的概念也存在於全世界許多國家及文化之中。一個來自南非對於全球素養的觀點稱為「有本土」（Ubuntu）（Nwosu, 2009; Khoza, 2011），這是祖魯族人（Zulu）的諺語：「我的存在是因為大家的存在。」（A person is a person because of others.）這也是非洲傳統的一種價值觀，「有本土」代表集體認同、聯繫、憐憫、同理、謙遜與行動。南美洲及馬來西亞等原住民文化中，仍可發現類似「有本土」概念，集體認同、關係及脈絡成為全球素養文化論述的重要影響因素。Deardorf（2013）提出「有本土」此概念之要素：尊重、傾聽、適應、關係建立、多元視野、自我覺知及文化謙遜。孔子曾說：「禮失求諸野。」當在上層社會禮崩樂壞，丟失了傳統的禮節、道德、文化的時候，可到農村、到民間去尋求，因為民間有豐厚的文化道德遺產。

Ubuntu 的字源探索讓我們想到很難解釋的「共好」，gung-ho 是美式英語中的一句俚語，來自於漢語中「工合」兩字的英語化發音。儘管此兩字的中文原意純粹為「工業合作社」之簡稱，原意是一起工作（work to-gether），但被美式英語吸收後卻衍生出「起勁」、「賣力」及「熱心」，「過分熱心」的涵義。Gung-ho 一詞在英語中的使用可追溯自中國抗日戰爭時代，駐華的美國海軍陸戰隊少校 Evans Carlson 解釋道：「我試圖創建自己在中國見識到的同一種工作精神，在那裡，全體士兵奉獻一己之力於同一理念，並分工合作達成目標。我一再告訴海軍陸戰隊的弟兄們，一

遍又一遍的講述『工合』這個中國合作社的訓言，其意味著分工合作、同心協力。」（Burke,1943, p.58）成爲海軍陸戰突擊營的精神標語。

中華人民共和國教育部（2014）在《關於全面深化課程改革落實立德樹人根本任務的意見》爲深化課程改革，提出各學段學生發展核心素養體系，明確學生應具備的適應終身發展和社會發展需要的必備品格和關鍵能力，研究制訂學生發展核心素養體系和學業質量標準。2016 年中國學生發展核心素養研究成果發布（人民日報，2016），學生發展核心素養，主要指學生應具備的，能夠適應終身發展和社會發展需要的必備品格和關鍵能力。中國學生發展核心素養以培養「全面發展的人」爲核心，分爲文化基礎、自主發展、社會參與三個方面，綜合表現爲人文底蘊、科學精神、學會學習、健康生活、責任擔當、實踐創新等六大素養，具體細化爲國家認同等 18 個基本要點。其基本原則爲：堅持科學性、注重時代性及強化民族性。著重強調中華優秀傳統文化的傳承與發展，把核心素養研究植根於中華民族的文化歷史土壤，系統落實社會主義核心價值觀的基本要求，突出強調社會責任和國家認同，充分體現民族特點，確保立足中國國情、具有中國特色。具有國家特色的核心素養建構，標誌著邁向課程的本土論述。

 ## 伍　十二年國教素養導向課程的本土化展望

十二年國民基本教育三面九項核心素養的課程發展與實踐的過程，國際論述似乎遠勝於本土論述，本土論述建構的方向如下：

一、以教育宗旨、《憲法》及《教育基本法》的核心概念建構課程願景

中華民國教育宗旨是國民政府 1929 年 4 月 26 日公布：「中華民國之教育，根據三民主義，以充實人民生活，扶植社會生存，發展國民生計，延續民族生命爲目的；務期民族獨立，民權普遍，民生發展，以促進世界大同。」

　　《憲法》（1947）第 158 條：「教育文化，應發展國民之民族精神、自治精神、國民道德、健全體格、科學及生活智能。」

　　《教育基本法》（2013）第 1 條：「為保障人民學習及受教育之權利，確立教育基本方針，健全教育體制，特制定本法。」第 2 條：「人民為教育權之主體。教育之目的以培養人民健全人格、民主素養、法治觀念、人文涵養、愛國教育、鄉土關懷、資訊知能、強健體魄及思考、判斷與創造能力，並促進其對基本人權之尊重、生態環境之保護及對不同國家、族群、性別、宗教、文化之了解與關懷，使其成為具有國家意識與國際視野之現代化國民。」

　　中華民國教育宗旨指出教育宏觀目的，《憲法》第 158 條規範教育文化的發展方向，《教育基本法》則是從國家教育權邁向人民學習及受教權，培養具有國家意識與國際視野之現代化國民，可作為課程發展的願景。

二、以《國民教育法》德智體群美五育為課程目標或理念

　　《十二年國民基本教育課程綱要》的文本中找不到德、智、體、群、美五育的蹤跡，只見「自發」、「互動」及「共好」的理念，以「成就每一個孩子——適性揚才、終身學習」為願景，《國民教育法》（2016）第 1 條：「國民教育依中華民國憲法第一百五十八條之規定，以養成德、智、體、群、美五育均衡發展之健全國民為宗旨。」德、智、體、群、美五育作為課程目標，看似恢復到以往課程標準的時代，然而《國民教育法》是規範十二年國民基本教育的重要法令，德、智、體、群、美五育懷舊復古的論述，也可與素養導向的課程概念並存。

三、落實本土語言教育及雙語教育

　　2018 年行政院國家發展委員會提出「2030 雙語國家政策發展藍圖」，「雙語國家政策」易遭誤解為「英語列為官方語言」，在 2022 年 3 月將「2030 雙語國家政策」更名為「2030 雙語政策」。2019 年為彰顯國家語言平等之理念，並因應《國家語言發展法》第 9 條第 2 項規定：「中央教

育主管機關應於國民基本教育各階段，將國家語言列爲部定課程。」本土語文包含閩南語文、客語文、原住民族語文、閩東語文、其他具有傳承危機之國家語言。「2030 雙語政策」與「將國家語言列爲部定課程」的政策如何折衝及同時落實兩者的目標，仍需要先回到學習者的需求及學習語言的現況作爲起點；落實本土語言教育需要道地的本土論述，但是仍需要顧及雙語政策的國際論述。

四、以多元文化觀建構素養導向課程的本土論述

本土論述指的是強調本土文化、歷史和價值觀，並納入課程內容和教學方法。通過運用本土論述，可以更好地理解和尊重不同文化背景的學生，並讓他們感到自己的文化和價值觀在課堂上受到尊重。這有助於增強學生的認同感和動機，並爲他們提供了更多關於自己文化的知識和理解。在建構以多元文化觀爲基礎的課程時，需要考慮到全球視野及本土文化的多樣性，並在課程內容和教學方法中納入多種文化的觀點。可透過在課堂上涵蓋多種文化的故事、歷史、價值觀和傳統來實現，在課堂上鼓勵學生分享自己的文化背景和價值觀，以及與其他不同文化背景的學生交流和對話，也可以促進對多元文化的理解和尊重。強調全球化和多元文化的影響，並將它們納入課程內容和教學方法的方法。

五、發展本土的教學策略以落實素養導向課程

「王明德教學法」（賈宛倩，2009）是由前高雄市愛國國小、苓洲國小校長王明德先生所創，此乃我國教育史上第一次以創始人姓名爲教學法名稱，是高雄市在地首創的教學法，也是臺灣本土創建的教學方式，具有特殊的歷史意義。「王明德教學法」最早的名稱爲「國語科革新教學法」，爲早年國小國語文教學盛行的一種教學法。主要策略是結合讀書、說話、作文、寫字等教學重點，將語文教學視爲一個整體性的活動，以原有的教科書課文爲主題發展教學內容，引導學生由說話到寫作。本教學法屬於混合式的教學法，從口說到寫作的引導歷程。「戴硯弢教學法」是1968 年九年國教施行後，爲改進國語科教學，貫徹九年一貫的精神，臺

灣省教育廳乃委請臺灣省國語推行委員會根據語文教學的綜合原理，設計一注重文法分析及學習語言的新式教學法，以期能藉此提高學生在說話、閱讀及寫作上的程度。此法在國民小學國語科上稱爲「戴硯弢教學法」，國民中學國文科稱爲「魏軾教學法」；前者取「待研討」三字的諧意，而後者爲「未敢以爲是」中「未是」之諧音，以示此法爲實驗中之新式教學法（何澍，2000）。戴硯弢教學法是國語推行委員會張廣權先生所倡，是一種以課本教材爲核心，重視句型、句法、修辭之練習，以達成讀、書、寫、作四項教學目標之教學法（陳弘昌，1991）。

　　接地氣的教學方法有所謂「茶館式教學法」，是上海育才中學帶頭試行的，也稱之爲「讀讀、議議、練練、講講」教學法，有人認爲這種教學方法著重學生探索的活動，也稱之爲「發現法」。育才中學的老校長段力佩先生認爲這是把外國人的方法名稱強加在中國人的改革實踐上，並不妥當；他提出可以叫「有領導的茶館式教學法」，意即課堂氣氛不必過於嚴肅，只有教師講、學生聽，而可以在教師的引導下像茶館那樣，隨便交談議論。這樣的教學，學生活動多，積極性高，有利於培養學生讀書自學能力，開闊思路，發展智力。學生在讀、議、練、講活動中，互相切磋補充，也時時產生創見，有利於鍛鍊創造能力。這顯然是將現行常用教學方法和學生學習方法，結合運用的一種方法。「茶館式教學法」後又有 2.0 版的「後茶館式教學」（上海市靜安區教育學院附屬學校，2019），係以「茶館式」教學爲代表的系列教學改革基礎上發展、創新而成，它繼承了這些教學的最核心、最本質的部分，即：關注學生，改變教學的邏輯結構，但它不支援以一種手段方法來概括所有的課堂教學。「後茶館式教學」是遵循學生的認知規律，由教師幫助、學生自己學習的教學。

　　同樣有個人色彩的本土教學法，張輝誠（2015）「學思達」教學法藉由自製「以問題爲主軸」的講義，同樣將學生分組，由老師引導讓學生的自學、閱讀、思考、討論、分析、歸納、表達、寫作等能力，並鼓勵學生提問、報告、發言、同儕之間相互合作、提攜；此外，更是將自己的課表放上社群網站，開放教室，隨時歡迎其他人觀課。

　　王政忠（2014）「MAPS」教學法融合多元教學策略：心智繪圖（Mind

Mapping），是組織訊息的好方法；提問策略（Asking Questions），在學生自己的閱讀經驗中，自問自答的過程，發現對他自己而言是最佳的學習途徑；口說發表（Presentation），確認學生學會之後，能夠說清楚，表示真的了解；同儕鷹架（Scaffolding），透過相互共學及自學，小組合作，達到有效學習。

葉丙成（2015）「BTS」（By the student）教學法更是從臺灣邁向國際舞臺的教學方法，透過老師製作影片，學生們上網觀看等事前準備，課堂中，老師帶領同學以及回答同學之前看影片時遇到的問題，並為班級分好小組，讓同學在課堂上討論、做作業，隨機抽同學回答問題，並讓同學們採互評機制，針對報告與答案給分，同時連結社群網站，放上一些公告或讓同學將評分回報給老師。

上述所謂具有本土特色的教學策略相當多元，在目前教學理論與方法多以西方文獻作為基礎的氛圍下，在教學現場尚有效的實踐力行，將教學理論化為課堂的具體行動，顯得非常有生命力，發展及實踐本土的教學方法應該也是落實素養導向課程的重要途徑。

六、研究本土的課程、教學與評量議題以建構臺灣主體的教育研究體系

將臺灣本土文化和價值觀融入課程設計、教學策略與評量方法，以提升學生的文化認同和多元觀念的培養。例如：最近一次修正《十二年國民基本教育課程綱要總綱》（教育部，2021），依據《國家語言發展法》第3條之定義，國家語言包含本課綱所列之國語文、本土語文（閩南語文、客語文、原住民族語文、閩東語文、其他具有傳承危機之國家語言）及臺灣手語，將國家語言列為部定課程，針對上述國家語言課程、教學與評量的本土研究，有助於建構臺灣主體的教育研究體系。近年來教育部推動的雙語教育政策也值得深入研究，同時並關注如何處理全球化和本土化之間的平衡，以確保課程的適切性和現代性。

參考文獻

一、中文部分

人民日報（2016）。《中國學生發展核心素養》發布。2016年9月14日07:20，來源：人民網—人民日報。

上海市靜安區教育學院附屬學校（2019）。後「茶館式」教學：走向「輕負擔，高質量」的實踐研究。北京：北京師範大學出版社。

中華人民共和國教育部（2014）。教育部關於全面深化課程改革落實立德樹人根本任務的意見。
http://www.moe.gov.cn/srcsite/A26/jcj_kcjcgh/201404/t20140408_167226.html

方德隆（2001）。學校本位課程發展的理論基礎。課程與教學季刊，**4** (2)，1-24。

方德隆（2022）。中小學學生素養如何學習與評量？台灣教育研究期刊，**3**(5)，181-204。

王政忠（2014）。老師，你會不會回來。臺北市：時報出版。

余安邦（1998）。夢中情人——九年一貫課程。現代教育論壇。臺北市：國立臺北教育學院。網址：http://www.pat.org.tw/pr08009htm

何澍（2000）。戴硯弢教學法，教育大辭書。臺北市：國家教育研究院辭書。

林生傳（2004）。國民中小學九年一貫課程理論基礎。臺北市：教育部。

教育部（2014發布）。十二年國民基本教育課程綱要總綱。

教育部（2021修正）。十二年國民基本教育課程綱要總綱。

陳弘昌（1991）。國小語文科教學研究。臺北市：五南。

陳伯璋（1999）。九年一貫新課程綱要修訂的背景及內涵。教育研究資訊，**7**(1)，1-13。

張輝誠（2015）。學‧思‧達：張輝誠的翻轉實踐。臺北市：親子天下。

葉丙成（2015）。**為未來而教：葉丙成的 BTS 教育新思維**。臺北市：親子天下。

賈宛倩（2009）。**王明德教學法在國小低年級國語文之應用研究**。國立高雄師範大學國文教學碩士專班未出版論文。

楊洲松（1999）。國民中小學九年一貫課程綱要之哲學分析。載於中華民國課程與教學學會主編，**九年一貫課程之展望**。臺北市：揚智。

楊俊鴻（2018）。**素養導向課程與教學**。臺北市：智勝。

楊龍立（2016）。十二年國民基本教育核心素養觀的重大缺陷之一：輕視知識。**教育論叢，4**，117-124。

蔡清田（2012）。**課程發展與設計的關鍵DNA：核心素養**。臺北市：五南。

蘇永明（2001）。九年一貫課程的哲學分析——以「實用能力」的概念為核心。載於財團法人國立台南師院校務發展文教基金會主編，**九年一貫課程：從理論、政策到執行**。高雄：復文。

蘇永明（2002）。九年一貫課程的現代性批判與後現代思考。**教育研究月刊，102**，13-20。

歐用生（1999）。九年一貫課程之「潛在課程」評析。發表於1999.03.10中華民國教材研究發展學會、國立臺北師範學院主辦，**九年一貫課程系列學術研討會論文集**。臺北：國立臺北師範學院。

二、英文部分

Burke, D. (1943). Carlson of the Raiders, *Life*, September 20, p. 58.

Deardorff, D. (2013). *Promoting understanding and development of intercultural dialogue and peace: A comparative analysis and global perspective of regional studies on intercultural competence*. Report prepared for UNESCO Division of Cultural Policies and Intercultural Dialogue.

Khoza, R. (2011). *Attuned leadership: African humanism as compass*. Johannesburg: Penguin.

Nwosu, P. (2009). Understanding Africans' conceptualizations of intercultural competence. In D. K. Deardorff (Ed.) *The SAGE handbook of intercultural competence*. Thousand Oaks, CA: Sage.

Organization for Economic Co-operation and Development (2017). *Global compe-tency for an inclusive world*. Retrieved from https://img1.wsimg.com/blobby/go/bc35b455-6031-49d6-afa8-19b84eb21fd8/downloads/1c17vr063_198079.pdf

Organization for Economic Co-operation and Development (2019). *Conceptual learning framework. OECD Learning Compass 2030*. Retrieved from https://www.oecd.org/education/2030-project/teaching-and-learning/learning/aarcycle/AAR_Cycle_concept_note.pdf

UNESCO (1996). *Learning: The treasure within*. Report to UNESCO of the International Commission on Education for the Twenty-first Century. Paris: UNESCO.

UNESCO (2003). *Nurturing the treasure: Vision and strategy 2002-2007*. Paris: UNESCO.

UNESCO (2021). *Futures of education: Learning to become*. International Commission on the Futures of Education Progress Update. Paris: UNESCO.

第三章

課程設計師：教師在十二年國教課綱中的重要角色

鄧佳恩

美國華盛頓大學課程與教學所博士
東海大學教研所助理教授

壹　前言

教育部在 2014 年 11 月發布《十二年國民基本教育課程綱要總綱》（以下稱「十二年國教課綱」），於 2018 年陸續完成各領域學科課程綱要的研修與審議，並於 2019 年正式實施。新課綱中，除了以三面九項核心素養來連貫中小學不同學習階段與各個學科領域課程，也在時數上提供學校能夠依照需求來規劃設計課程的彈性。新課綱在課程與時數上的規劃，間接地賦予教師在課程設計與實施更積極的角色，不論是部定課程，或是校訂課程（包括國中小階段的彈性學習課程，與高中階段的校訂必修、選修、團體活動，或是彈性學習課程），都需仰賴教師的課程設計專業將學科領域「核心素養」轉化落實在課程、教學與評量中（教育部，2014）。

課綱是國家或政府層級所規劃的課程，作為學校課程發展與設計的架構（教育部，2014），以確保所有學生，不分種族、文化背景、社經地位，都能在高中畢業後獲得就業或進入高等教育所應具備的知識與技能（Glatthorn, Boschee, Whitehead, & Boschee, 2019; Goodlad, 1979）。國家層級的課綱擘劃了自小學到高中十二年的課程內容，將核心素養的理念具體形諸於各學科領域課程綱要中，成為學習重點。學校教師再依各學科領域課程綱要的內容來設計課程。而學校教師所參與設計的課程，主要是在學校層級或課室層級中運作的課程，其在性質上較接近 Glatthorn 等人（2019）在課程分類中所定義的支援課程（supported curriculum）、施教課程（taught curriculum），與施測課程（tested curriculum）。然而，Brophy（1982）指出，不同層級或型態的課程在轉化（transform）過程中會造成落差。每個層級的課程在經過轉化實施後，課程內容容易變得不完整、短缺，甚至扭曲（黃光雄、蔡清田，2015；蔡清田，2008；Brophy, 1982），而造成課程轉化前後一致性（coherence）欠佳的問題（Schmidt, Houang, & Cogan, 2002）。因此，如何確保教師在課室所教授的課程與課綱內容之間仍維持良好的一致性，是一大挑戰。

在二十一世紀課程改革的浪潮中，教師具備課程設計專業能力，才能

確保所教授的內容符合情境與學生需求。尤其近 20 年在網路與人工智慧科技興起與全球化的浪潮下，除了傳統課程學所探討的心理學、歷史、哲學與社會學相關的課程理論之外，科技、永續與全球化也成了課程發展與設計中不可忽略的重要環節（Ornstein & Hunkins, 2018; Santone, 2018）。新課綱因應時代潮流，在十二年國民基本教育課程目標與核心素養的規劃中，皆涵蓋當代學生所應具備之科技、永續與全球公民之涵養。換言之，課綱內容能被忠實地轉化與實施，是十二年國教課綱能發揮影響力的關鍵。

在實際教學現場，教師們主要使用教科書進行教學，傳遞教科書中的知識給學生。教科書演繹課綱內容，將之轉化為教材，教師再詮釋教材內容，並將之轉化為課室教學內容。姑且不論學生在課室所習得的課程內容為何，教師的課室教學內容來自至少兩次的課程轉化，是否仍能與課綱中的學習表現和學習內容維持一致，是值得深究的問題（周淑卿，2013）。呂秀蓮（2015）指出，學校教師由於長期依賴教科書，無法擺脫既有教科書對教師思考與設計課程的束縛，導致設計課程的專業自主能力薄弱。此觀察反映出教師在課程設計的現況：多數教師是課程的消費者，而非生產者（Maniates, 2016）；是課程的被動使用者，而非主動設計者。教師依賴教科書，造成教師普遍不了解中小學課程的知識連貫脈絡，無法掌握學科領域課程研發者所構思的藍圖與要點，自然也較難在教學設計中回應課綱學習重點的要求（呂秀蓮，2019）。

在十二年國教課綱發布後，若欲使最上位的國家層級課綱內容，轉化成學校層級的課程、課室層級的授課課程、甚或到測驗評量的課程，仍能維持課程一致性（curriculum coherence）（Schmidt et al., 2002; Schmidt & Houang, 2012; Sundberg, 2022），則提升學校教師對自身課程設計專業能力是刻不容緩的。教師在課程設計中，除了學科領域專家的角色之外，也扮演著另一個重要的角色——課程設計師（teachers as curriculum designers）（Trinter & Hughes, 2021）。教師在進行課程設計過程中常遭遇的困難（de Almeida & Viana, 2022）與最需要的支持（Huizinga et al., 2014）包括三個面向：課程設計專業知識（curriculum design expertise）、教學內容知

識（pedagogical content knowledge），與課程一致性專業知識（curriculum consistency expertise），此三面向也正是課程設計師在整個課程設計流程中所處理的工作。

本文從教師實踐十二年國教課綱的角度，來說明課程設計師所扮演的角色，以及所應具備的課程設計思考素養以落實課綱中的學習重點。課程設計師扮演三種角色，分別是：課程設計思考者、學習經驗設計者，以及學習成效評量者。

課程設計師是課程設計思考者

傳統課程設計的缺點被 Wiggins 與 McTighe（2005）稱為「雙重罪惡」（twin sins）（頁 16）：原因之一是課程陷入「活動導向的設計」（activity-based design），活動中沒有明確聚焦的概念與學習證據的評估，學生往往「手到而心未到」，在活動之後不清楚學到什麼內容；原因之二是「鉅細靡遺的教學內容」（coverage），課堂中，教師逐頁講授教科書內容，並求在時數內教完所規劃的進度，卻常常落入漫無目的的教學，缺乏深度的思考，包括「內容的重點為何？」、「大概念是什麼？」、「學習這些內容之後可以做什麼？」、「這些內容與生活中哪些事情相關？」，或是「我們為什麼要學這些內容？」。要能夠解決傳統課程設計中的「雙重罪惡」，我們必須回到「設計」的邏輯脈絡。

「設計」是人類活動的一部分，而「設計思考」（design thinking）一詞則有不同面向的意涵。這些意涵可以分為兩類（Callahan, 2019）：第一類是從學術觀點去探討設計師的非文字表達處理方式（nonverbal processes of designers）以及這些處理方式如何與設計理論和實務結合，包含人造物品（手工藝品）的創作、設計思考的實作、以設計思考來解決問題、與以設計思考來創造意義。另一類的面向則是將對於設計思考的理解應用到設計以外的領域，例如管理和教育（Johansson-Sköldberg, Woodilla, & Çetinkaya, 2013; Razzouk & Shute, 2012）。

設計思考是一個從使用者角度來解決問題的思考脈絡，其核心是定

義問題與解決問題的循環（Brown, 2008; Luchs, 2015）；換言之，設計思考是一個以使用者為中心的問題解決策略，透過「方法－目標分析」（means-end analysis）以迭代方式反覆嘗試各種可能的解決方案，並透過使用者的回饋來確認最佳解決方案（Buchanan, 1992; Luka, 2014; Pressman, 2019）。

IDEO（2012）提出思考設計流程，分成五個階段：㈠發現問題（Discovery）、㈡解讀問題（Interpretation）、㈢發想（Ideation）、㈣測試（Experimentation）與㈤改良（Evolution）。階段一的重點在於蒐集資訊，發現可能存在的問題。階段二的重點在於收斂問題，確認可能的關鍵問題與意義。階段三在於腦力激盪、盡情地發想，找尋各種可能的解決方案。階段四則是形成解決方案的雛形，並實作測試，獲得回饋。最後階段五的重點在於追蹤解決方案的實施狀況，並持續改良精進。以設計思考來解決課程問題，其中包含了課程設計的「慎思」歷程（deliberation）（Schwab, 1969）。

課程設計中的「慎思」考量目標（教育目標）與方法（應實施的教學內容），在學科知識之外，也系統性地考量了諸如學生的種族、歷史、文化背景等因素，以及課程的反饋和持續調整（Ornstein & Hunkins, 2018）。Dillon（2009）認為「慎思」是一個考量問題（problem）、方案（proposal），到解決方法（solution）的歷程。而在課程設計中，Dillon認為「慎思」涵蓋了三個層次的設計問題，包含課程的本質（nature）、組成元素（elements）與實作（practice）。

應用設計思考五階段流程於課程設計時，所涵蓋課程慎思的三個層次的問題（Dillon, 2009）列於表1。在設計思考的階段一發現問題與階段二解讀問題，課程設計師需要思考的問題是課程的本質為何，包括課程必要的組成元素、課程的性質或特性。Young（2013）認為課程的本質在於知識，而學生所應該學習的知識，是「好」的知識，是可信賴、接近真理的知識，是禁得起辯證與挑戰的知識（頁107-108），亦即Young（2013）和Young與Muller（2013）所謂「強大的知識」（powerful knowledge）。思考課程的本質，即是思考課程所要引導學生所習得的單元或主題知識為何

（Smith, 2000）。

表 1　設計思考流程各階段的課程慎思問題

設計思考階段 （IDEO, 2012）	課程慎思問題 （Dillon, 2009, 頁 344）
階段一：發現問題 階段二：解讀問題	第一層次： 課程的本質 — What is it? 1a. 必要的組成元素或成分 — What, at bottom, is it? 1b. 性質或特性 — What is it like?
階段三：發想	第二層次： 課程的組成元素 — What are the things that compose it? 2a. 教師 — Who? 2b. 學生 — Whom? 2c. 科目 — What? 2d. 情境 — Where and when? 2e. 目標 — Why? To what end? 2f. 活動 — How? 2g. 結果 — What comes of it? Who learns what?
階段四：測試 階段五：改良	第三層次： 課程實作 — How to think and act it? 3a. 行動 — What to do? 3b. 思考 — How to think?

　　在確認學生所應習得的知識後，設計思考階段三是發想。此階段課程的慎思問題是第二層次確認課程的組成元素，包括教師、學生、學科 / 科目、課程目標、課程情境、課程活動，以及預期結果為何。在考量課程組成元素時，課程設計師已確認課程主題知識，因此在探究課程元素時，需要考量學生先備知識、學習目標、學習評量方式、學習活動、學習材料等內容；換言之，在此階段，課程已猶如完成設計的產品（Smith, 2000）。

　　設計思考階段四是進行測試、階段五是進行改良，這兩階段對應到課程慎思第三層次課程實作如何進行的問題，包括要進行什麼活動，以及如何引導學生思考。在設計思考的階段四測試與階段五改良是重複循環進行的歷程，直到產生理想的解決方案。而在課程實施與評量的過程中，也需

要經過課程行動研究（黃光雄、蔡清田，2015）反覆驗證課程實際實施成效。在設計思考的測試與改良的流程中，設計者與使用者透過使用者的回饋（feedback）與不斷的對話（conversation）來確認設計結果是否解決使用者需求（IDEO, 2012）。這個流程是一個設計者與使用者透過對話來共同建構產品的流程。將設計思考應用到課程設計，也隱含了課程設計的過程中，需要課程的相關利害關係人（stakeholders）共同參與，以確認課程符合學習目標，也能滿足學生學習需求。

課程設計師是學習經驗設計者

在設計思考流程中，課程設計師的目標是為學生客製化、量身打造良好的學習經驗。Tyler（1949）認為學習經驗是學生在課程中主動與環境一切互動的總稱；環境則包括教師、學生、學科／科目、課程目標、課程情境、課程活動與預期結果等課程元素，即為表1中第二層次所涵蓋的課程元素。Tyler（1949）認為，教師需能建構良好的學習環境，以刺激學生能在其中展現出預期的反應。

Wiggins 與 McTighe（2005）提出「重理解的課程設計」（Understanding by Design; UbD），以「逆向式設計」（backward design）來設計課程、組織課程元素，創造學習經驗。UbD 設計模式包含三個階段（如圖1）：階段一是先確認學習結果，考慮期待學生所能展現的學習成效。階段二是決定所要蒐集評估學生學習成效的證據，以確認學生是否達成學習目標。最後階段三是規劃學習經驗與教學，考慮若欲達成學習目標，學生需要學習哪些知識、技能，才能創造出預期的學習成果。UbD 逆向式設計的流程本身即是一個以設計思考來進行課程設計的慎思歷程。

儘管 UbD 課程設計模式提供一個良好的課程設計框架，有具體的設計步驟，但仍無法有效地解決課程設計中對於課程本質—知識—掌握的問題（呂秀蓮，2022），也無法滿足 OECD（2018）所提出的融合知識、技能、態度與價值觀的素養導向課程。因此，呂秀蓮（2022）改良 UbD 模式，提出「系統化課綱為本的課程設計系統」（Systemic Standards-based

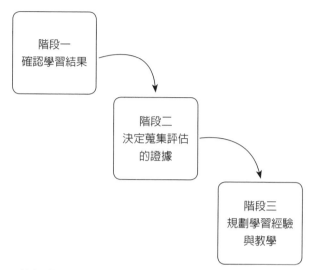

圖 1　UbD 逆向式設計三階段（Wiggins & McTighe, 2005, p. 18）

S2 課程設計系統

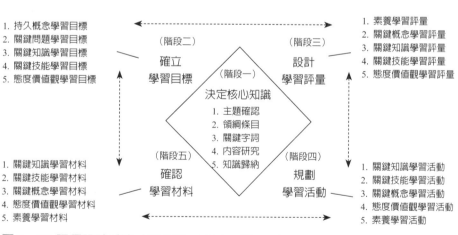

圖 2　S2 課程設計系統（呂秀蓮，2023，頁 313）

Curriculum Design，簡稱 S2 系統，如圖 2），進一步將 UbD 的第一階段再細分為確定核心知識與確立學習目標兩階段，並將 UbD 第三階段細分為確認學習活動與確認學習材料。因此，完整的 S2 課程設計系統包含五個階段：階段一決定核心知識、階段二確立學習目標、階段三設計學習評

量、階段四規劃學習活動、與階段五確認學習材料；透過五階段的規劃，能夠更精確規劃與掌握學生的學習經驗。

S2 課程設計系統的階段一是確定單元或主題課程的核心知識。呂秀蓮（2015，2019）強調教師使用課綱來設計課程的能力，透過課綱中的學習內容與學習表現進行內容研究與知識歸納。植基於課綱的課程設計有三個優點：㈠知識脈絡明確，容易掌握核心知識的本質，與其在不同學習階段之間的連貫性與銜接性。此有助於確認學生的先備知識，與後續銜接的知識內容。㈡明確定義與區分知識、技能、態度與價值觀，便於設計出素養導向的課程。㈢縮短國家層級課綱與課室層級課程之間的落差，有較好的課程一致性（Schmidt, Houang, & Cogan, 2002）。以下分別說明三個優點：

一、課程中的知識脈絡

Rata（2020, 2021）強調，知識架構（epistemic structure）是課程設計的核心，因為知識架構的建立可以強化課程內容的一致性，以及學生從學習過程中所建構與累積知識的連貫性。以課綱為本進行課程設計有助於掌握知識本質與知識脈絡；相反的，若教師以教科書內容作為課程設計的重點，則較不易看見主題知識或概念在不同學習階段裡的脈絡與連貫性，故不易掌握完整的知識架構。

以下以「光合作用」為例來說明課綱中對於知識脈絡的鋪陳。在十二年國教自然科學領域課綱的「學習內容」中，與「光合作用」相關的概念條目整理如表 2。由表 2 可以發現，「光合作用」概念明確出現於第 III、IV、V 三個學習階段的學習內容。第 II 學習階段的學習內容條目中雖然沒有「光合作用」四個字，但卻有相關的先備知識，包括 INa-II-6 與 INa-II-7 兩個條目提到太陽提供生物生長需要，與能量呈現的形式；以及生物需要能量來維持生命、生長與活動。第 II 學習階段這兩個學習內容條目能銜接第 III 學習階段中 INa-III-9 與 INa-III-10 兩個學習重點。而到第 IV 學習階段時，則是以更複雜的化學反應觀點來解釋「光合作用」。

從上述「光合作用」的例子中，可以看到課綱如何由淺入深地鋪陳

表 2　自然科學領域課綱中各學習階段與「光合作用」概念相關之學習內容條目

學習階段	與「光合作用」相關之學習內容條目	
II	INa-II-6	太陽是地球能量的主要來源，提供生物的生長需要，能量可以各種形式呈現。
	INa-II-7	生物需要能量（養分）、陽光、空氣、水和土壤，維持生命、生長與活動。
III	INa-III-9	植物生長所需的養分是經由光合作用從太陽光獲得的。
	INa-III-10	在生態系中，能量經由食物鏈在不同物種間流動與循環。
IV	Ba-IV-2	光合作用是將光能轉換成化學能；呼吸作用是將化學能轉換成熱能。
	Bc-IV-3	植物利用葉綠體進行光合作用，將二氧化碳和水轉變成醣類養分，並釋出氧氣，養分可供植物本身及動物生長所需。
	Bc-IV-4	日光、二氧化碳和水分等因素會影響光合作用的進行，這些因素的影響可經由探究實驗來證實。
V	BDa-Vc-4	光合作用與呼吸作用的能量轉換關係。
	BDb-Va-10	光合作用包括光反應與固碳反應。

「光合作用」的概念，以及「光合作用」所涵蓋的相關知識。因此，若教師能夠學習使用課綱來設計課程，將能理解單元或主題知識在不同學習階段的呈現方式與學習脈絡，有助於掌握知識架構的完整性，能提升學生的學習遷移。

二、課程中的素養

　　OECD（2018）定義「素養」（competency）包括知識、技能、態度與價值觀三部分。其中，知識包括領域學科知識（disciplinary knowledge）、跨領域學科知識（interdisciplinary knowledge）、認知的知識（epistemic knowledge）與程序性知識（procedural knowledge）等四類知識。技能則涵蓋認知（cognitive）、後設認知（metacognitive）、情緒（emotional）、社會（social）、身體（physical）與實用（practical）等六大類技能。態度與價值觀則區分為個人（personal）、在地社區（local）、社會（societal）與全球（global）四個層級。然而，在素養所涵蓋的知識、技能、態度與價值觀三者之中，知識、和態度與價值觀皆不可見，唯透過實際操作技能才

能被觀察與評量。換言之，若要評量學生的學習成效，需透過觀察學生在解決問題的情境中如何運用技能來完成任務（Lu & Teng, 2022），藉此了解學生的學習成效。

S2課程設計系統（呂秀蓮，2022，2023）能夠明確定義知識、技能、態度與價值觀，依照各階段步驟實作，便能設計出素養導向的課程。S2系統（如圖2）在階段一對單元或主題進行內容研究，藉以定義核心知識與相關知識。根據階段一所定義的知識，便能依序訂定階段二學習目標，包括持久概念、關鍵問題、關鍵知識、關鍵技能、關鍵態度與價值觀等學習目標；其中，「持久概念」類似Young與Muller（2013）所提之「強大的知識」，是放諸四海皆準、接近於真理的知識。有了知識、技能、態度與價值觀等層次分明的學習目標後，階段三便能據以設計學習評量。學習評量的功能在於蒐集學生的學習證據，讓學生透過解決素養任務，來展現所對應的素養、關鍵概念、關鍵知識、關鍵技能、關鍵態度與價值觀的學習證據。在確立學習目標，完成設計學習評量後，階段四再據以進行學習活動的設計，包括關鍵知識、關鍵技能、關鍵概念、關鍵態度與價值觀、與素養的學習活動。最後，階段五決定合適的學習材料，包括關鍵知識、關鍵技能、關鍵概念、關鍵態度與價值觀、與素養的學習材料。

三、課程一致性

課程一致性，巨觀上意指不同層級課程之間（例如課程標準或課綱與課室授課課程）的一致性（Bybee, 2003; Schmidt & Houang, 2012），微觀上則指相同層級的課程內容元素（課程目標、授課內容、教學方法與評量方法）彼此之間的相互呼應（McPhail, 2021; Rata, 2021）。S2課程設計系統（呂秀蓮，2022，2023）的設計流程除了是一個階層式設計思考的課程慎思歷程外，其以知識為核心來建構課程內容的設計脈絡，使得最終的課程產品成為富含知識（knowledge-rich）的課程（Rata, 2020, 2021），且課程內容具備高度一致性（Schmidt, Houang, & Cogan, 2002），有助於學生建構完整的知識架構，並從學習歷程中培養出相對應的素養。

Ayer等人（2021）利用建築設計的流程來引導教師們設計課程：先「設

計」（design）、再「規劃」（planning）、最後是「施工建造」（con-struction）。Ayer 等人認為，如果課程與教學活動是經由設計而成的產品，則課程與教學活動的設計也應該與其他領域的設計共同遵循相似的設計思維脈絡與原則。在工作坊中，Ayer 等人反覆引導教師們思考課程的「設計」（類似於建築師與客戶溝通的建築渲染圖，包括功能、外觀、樣式、造景等）、規劃（類似於建築師與營造商溝通所使用的建築藍圖，包含建築立面圖、平面圖、剖面圖、基地面積、樓板面積、尺寸等）與施工建造（類似營造商與下游承包商討論施工細節，包括鐵工、木工、泥造、裝潢、管線、建材、工期等）。Ayer 等人（2021）發現，在經過建築設計的思考流程引導後，與會教師們能夠從「設計」、「規劃」、「施工建造」的階層邏輯脈絡中了解「設計」與「規劃」的不同，以及「課程與教學設計」應先於「課程與教學規劃」的概念。

　　S2 課程設計（呂秀蓮，2022，2023）以課綱為起點，對課綱中所選擇的學習內容進行內容研究，再從內容研究中逐步形成知識架構。接著從知識架構發展出學習目標，再從學習目標發展學習評量。有了明確的學習評量內容後，再據以設計學習活動、選擇學習材料。若從 Ayer 等人（2021）的建築設計邏輯脈絡來看，S2 系統的階段一（確認核心知識）、階段二（確立學習目標）類似於「設計」，為整體課程的提供建築藍圖，是課程設計的準繩；階段三（設計學習評量）類似於「規劃」，蒐集學習證據以確認課程的各部件能達到設計要求；階段四（規劃學習活動）、階段五（確認學習材料）類似「施工建造」，依照前階段所規劃的課程部件來建造施工。整個 S2 的設計流程緊扣著課綱內容來進行課程設計，因此最終的課程產品與課綱之間自然維持良好的一致性（Bybee, 2003; Schmidt & Houang, 2012; Schmidt, Wang, & McKnight, 2005）。

　　另外，S2 系統的五個階段之間在設計邏輯上緊密相依連結，相鄰的兩個階段之間有修正迴路，可以隨時返回前一階段進行設計修正，使得課程核心知識、學習目標、學習評量、學習活動與學習材料之間在理論與教學實務上維持一致的內容。如此的設計能夠在面對較複雜的主題或概念時，提供學生系統性的完整知識架構，有助於學生的深度學習（Bateman et al., 2007; Cohen, 1987; Marschall & French, 2018; McPhail, 2021）。

 ## 肆 課程設計師是學習成效評量者

　　在以設計思考尋找解決方案的流程中，在階段三發想形成方案雛形（prototype）之後，便反覆進行階段四的測試與階段五的改良，並從使用者的回饋（feedback）來確認是否爲令人滿意的解決方案。在測試階段，首先需要確認回饋的來源，包括回饋的情境、需要測試什麼，以及定義回饋的形式爲何（IDEO, 2012），而此過程需要由設計者與使用者持續對話，以確保每個測試—改良的循環都是有意義的。

　　相同的，一個課程設計是否合宜，取決於學生的回饋，亦即學生的學習成效。此時，課程設計師便需要像一位評估者（assessor）般思考如何確認學生是否達成預期的學習目標（Wiggins & McTighe, 2005）。在設計思考的脈絡中，學習成效的評估仰賴學生的具體學習成效作爲回饋，也因此，學習成效會是一個以結果導向的設計（outcome-based design）；學習成效必須是能夠具體可見的作品或行爲，是可供觀察、可測量的產出。

　　學習成效評量者需要思考三個基本的設計問題（Wiggins & McTighe, 2005）：㈠ 我們需要蒐集哪些證據來確認學生是否達成學習目標？㈡ 從學生的回答、作品或表現中，哪些特別的證據是我們可以用來決定學習目標的達標程度高低？㈢ 所蒐集的證據是否有足夠的信效度讓我們能夠據以推論學生所習得的知識、技能與態度或價值觀？

　　Wiggins 與 McTighe（2005）認爲，眞實的理解能夠在解決眞實情境的表現任務中呈現出來。核心概念、關鍵知識、關鍵技能、與態度和價值觀都能遷移到不同的任務情境中。根據三個評量的基本問題，Wiggins 與 McTighe（2005）提出一個設計表現任務（performance tasks）的架構 GRASPS，分別代表目標（Goal）、角色（Role）、觀眾（Audience）、情境（Situation）、表現（Performance）、評分標準（Standards）。說明如下：

　　1. 目標：指的是所要完成的任務，或是待解決的問題或挑戰；

2. 角色：是指執行任務的人；

3. 觀眾：是指任務成果的接受者，可能是客戶、粉絲，或是其他可以評估任務表現的人；

4. 情境：是指執行任務的人所處的環境或是遭遇的挑戰；

5. 表現：是在任務中所要產出的作品或成果；

6. 評分標準：是評判任務是否成功完成的檢核項目。

表現任務的設計需要能對應學習目標，也必須能評量出學生不同程度的表現成果。以十二年國教素養導向的評量而言，學習成效的評量需能夠有效評估學生在學習歷程中所產出的素養、關鍵概念、關鍵知識、關鍵技能、態度與價值觀（呂秀蓮，2022）。

雖然 GRASPS 提供了一個設計表現任務的架構，但其在辨別與確認素養、關鍵概念、關鍵知識、關鍵技能、態度與價值觀仍有不足。Lu 與 Teng（2022）改良 GRASPS 架構，提出 SAROPAS 架構，使之能夠在 S2 系統中更精確地評估學生所習得的素養。在 SAROPAS 架構中，依序包含情境（Setting/Scenario）、目標（Aim）、角色（Role）、任務觀察者（Observer）、產品／作品（Product）、行動（Action）、評分標準（Standards）。各部分說明如下：

1. 情境：執行任務的情境或環境。情境可以是真實的或虛構的，主要是提供解決任務時的環境資訊與線索。

2. 目標：在情境中完成任務所要達成的事項。

3. 角色：學生在情境中所要扮演的角色。

4. 任務觀察者：在情境中有權力檢核是否成功達成任務的人，可以是主管、客戶，或其他做最後決定的人。

5. 產品／作品：學生在執行任務中所製作的有形之作品，包括圖畫、海報，或其他靜態可供作評分的手工作品。

6. 行動：學生在執行任務中的動態表現，包括口頭報告、演講、表演，或其他可以被具體觀察評量的表現。

7. 評分標準：在情境中達成任務的成功條件。成功條件和評分以標準評量表（scoring rubrics）來表示，將靜態的作品與動態的行動表現評分項

目各區分不同的完成度來給分。

　　SAROPAS（Lu & Teng, 2022）與 GRASPS（Wiggins & McTighe, 2005）有四個相似之處：㈠ 兩者都能將學習評量的內容對應到學習目標，使得課程內容與評量內容之間具一致性。㈡ 將評量視爲學習的一部分，也是學習成果的藍圖，俾使得課程能夠「以終爲始」來規劃學習活動與選擇學習材料。㈢ 都以角色扮演來完成表現任務，提供學生眞實生活情境的連結。㈣ 提供標準評量表，能對學生的表現是否達到學習目標，或是達標程度的多寡進行具體客觀的評分。

　　而 SAROPAS（Lu & Teng, 2022）與 GRASPS（Wiggins & McTighe, 2005）相異之處，在於：

　　㈠ SAROPAS 首先設定故事發生的情境，便於將表現任務更細緻地包裝在故事情節中，再依序設定目標、角色、任務觀察者等，讓學生完成任務的過程有如在眞實情境中解決問題一般，故事情境得以幫助學生將知識和理解與生活經驗相互連結（Hokanson & Fraher, 2008）。在面對不同學生時，可以依照學生的文化、歷史或種族背景來設定故事情境，使得故事情境對學生而言是有意義的，也因此解決表現任務，對學生而言能夠連結學習經驗，有助於學習遷移（Cook, 2020; Hartmann, 2020）。

　　㈡ Lu 與 Teng（2022）將 GRASPS（Wiggins & McTighe, 2005）裡的「觀眾」（Audience）角色擴大爲「任務觀察者」（Observer）。「觀眾」的角色設定容易將該評審角色當作是任務成果接受者（recipients），會受限於「給予者－接受者」較爲單一關係的角色設計。使用「任務觀察者」的優點，一方面是較爲中性的角色，另一方面則是可以在故事情境中設定多個不同的任務觀察者，亦即將此任務觀察者的角色設定爲任務的「利害關係人」（stakeholders），此將有助於設計不同複雜度的表現任務。

　　㈢ SAROPAS（Lu & Teng, 2022）將學生的表現任務進一步細分爲靜態的作品與動態的行動，便於課程設計師設計多元的學習評量，也能更精準地蒐集到期待的學習證據種類。

　　以課程設計思考脈絡觀點而發展的學習成效的評量（例如 UbD 中的 GRASPS 架構，或是 S2 中的 SAROPAS 架構）有幾個特點：

㈠ 學習成效評量是學習的一部分。評量與學習的關係（Earl, 2007; Torrance, 2007），除了將評量作為一個學習歷程的總結與檢核的「學習的評量」（assessment of learning, AoL），也有將評量視為教師蒐集學生學習證據的歷程，再回饋到課程或教學設計中的「為了學習而做的評量」（assessment for learning, AfL），或者是讓學生在評量過程中透過解決問題來進行學習的「如學習般的評量」（assessment as learning, AaL）。在課程設計思考中，學習評量的內容需與學習目標一致，才能透過「測試—回饋—改良」的機制調整課程或教學設計。GRASPS 與 SAROPAS 兩種評量設計較類似於 AaL，亦即透過設計表現任務，讓學生得以利用所習得的知識與技能來解決任務，而從解決任務的歷程中，教師得以窺見評估學生對解決任務或問題的態度與價值觀。

㈡ 重視學習評量中學生的回饋。在課程設計思考中，學生的角色是課程使用者，因此學生的回饋是測試與改良課程或教學設計的重要依據。學生的學習成效必須是可見的、可觀察的有形物體或行為，足以作為具體學習證據來與學習目標相互比對。Dann（2014）認為，在 AaL 的評量概念中，了解學生的回饋以及掌握學生學習表現是重要的。Dann 建議，在師生對話之中，教師引導學生進行任務的探究，並提醒學生留意問題解決的方向與評量標準之間的一致性，但須避免給予學生直接的指導，如此才能讓學生在評量的過程中進行學習。

伍　結語

本文從實踐十二年國民基本教育課綱的角度為基礎，強調教師「課程設計師」角色的重要性，以及課程設計師所應具備的課程設計素養。十二年國教課綱在課程與時數的安排賦予學校與教師更積極的課程設計角色，在國中小的校訂課程，或是高中的校定必修課程，都仰賴教師們的課程設計專業將課綱中的「核心素養」轉化為課程、教學活動、評量活動。此改變對教師們而言，不啻為一大挑戰。原因之一，是多數教學現場教師習於以教科書為本進行教學活動，按進度教課、複習，然後以測驗評量作為一

個單元的收尾。由於出版社對教師們的服務周到，課程設計相關工作也由出版社代勞，教師自然而然成爲出版社課程服務的「消費者」。

這樣日復一日的課程進行方式，非常容易掉入前述 Wiggins 與 Mc-Tighe（2005）所謂「雙重罪惡」的泥沼中。要解決這個問題，重新爲十二年國教課程注入活水，教師需體認自身「課程設計師」的重要角色，擺脫以教科書爲設計藍圖的狹隘視野，而回到以課綱的課程藍圖，才得窺學科領域知識的全貌，並據以設計具良好品質的課程，將有價值的知識傳遞給學生。

二十一世紀是外在社會、經濟與科技變動的年代，課程不應再是文化的再製（reproduction），而是著眼於未來的設計（curriculum as a design for the future）（Kress, 2000）。十二年國教課綱著眼於幫助學生成爲終身學習者，以「核心素養」爲課綱主軸，期待培養學生具備「爲適應現在生活及面對未來挑戰，所應具備的知識、能力與態度」（教育部，2014，頁3）。在十二年國教課綱的脈絡下，課程設計應以設計思考的脈絡來進行，以改善目前以教科書爲本的課程設計中過於強調教學活動設計而輕忽知識的學習，以及課程內容一致性欠佳的問題。

課程設計師所扮演的三個角色，分別是：課程設計思考者、學習經驗設計者，以及學習成效評量者。課程設計思考是一個以使用者爲本、解決課程問題的思考脈絡，其本身是一個課程的愼思歷程。愼思歷程以階層式方式逐步拆解課程問題，從課程知識本質、課程元素、到課程實作等逐層考量。課程設計思考者須了解知識是課程的本質，以強大知識爲核心的課程設計，才能引導學生有深入的學習與理解。

課程設計師是學習經驗設計者。學生的學習經驗來自於主動與課程各種元素的互動，包括教師、同學、教學目標、教學活動、教材、教學評量等。學習經驗的設計需要能夠將課程單元／主題知識依照學生需求設定學習目標，依照學習目標設計學習評量，再根據學習評量的產出來規劃所需要的學習活動、選擇學習材料。良好的學習經驗有賴於課程設計師將課程元素與知識脈絡清楚地連貫銜接，幫助學生從學習活動中學習到完整的知識架構，並且從學習評量、學習活動與學習材料的一致性中，培養出相對

應的素養。

　　最後，課程設計師也是學習成效評量者。學習成效評量是課程設計的一環，若從課程設計思考的脈絡來看，學習成效評量的目的是蒐集學生學習的證據，透過學生的產出與回饋來驗證課程設計的成效，並可據以改善或調整課程或教學設計。這個「測試—回饋—改良」的循環隱含了 AfL（為了學習而做的評量），甚至是 AaL（如學習般的評量）的評量觀點，亦即評量是學習的一部分，用來了解學生學習成效是否達到學習目標。

　　課程設計師的角色有助於教師們從被動的教科書「消費者」變為主動的課程「設計者」，除了自身課程設計專業的提升，更重要的是能夠直接從課綱內容來設計高品質的課程，使得課室教學內容與十二年國教課綱內容緊密對應連結，進而有效地培養學生的核心素養。二十一世紀的教師應著眼於課程設計專業能力的養成，透過課程來幫助學生具備面對現在與未來挑戰應有的知識、技能、態度與價值觀，成為終身學習的世界公民。

參考文獻

一、中文部分

王文科、王智弘（2014）。**課程發展與教學設計論**（第九版）。臺北市：五南。

呂秀蓮（2015）。提升教師專業自主能力從上游師資培育使用課綱開始。**臺灣教育評論月刊，4**(5)，118-122。

呂秀蓮（2019）。課綱為本課程設計經驗之研究：以國中教師為對象。**教育實踐與研究，32**(1)，1-32。

呂秀蓮（2020）。S2素養課程：以設計思維培育中小學生的基本學力。**臺灣教育，722**，21-27。

呂秀蓮（2022）。課綱為本課程設計系統的理念與實踐。收錄於詹惠雪（主編），**素養導向學習的理論與實踐**（21-54頁）。臺北市：元照。

呂秀蓮（2023）。「課綱為本課程設計系統」研發與建置的標準化、模組化及平台化。**臺灣教育研究期刊，4**(3)，301-320。

周淑卿（2013）。課程綱要與教科書的差距──問題與成因。**課程與教學季刊，16**(3)，31-58。

教育部（2014）。**十二年國民基本教育課程綱要總綱**。臺北市：教育部。

黃光雄、蔡清田（2015）。**課程發展與設計新論**。臺北市：五南。

蔡清田（2008）。**課程學**。臺北市：五南。

二、英文部分

Ayer, N., Daniel, D., Badley, K., Keys, J., McManaman, D., Reid, B., Cloutier, D., Flood, E., Laing, D., MacIsaac, K., & Scovoranski, A. (2021). By using architectural principles can teachers become curriculum designers, not simply instructional planners? In J. Nickel & M. Jacobsen (Eds.), *Preparing Teachers as Curriculum Designers* (pp. 222-246). Canadian Association for Teacher

Education.

Bateman, D., Taylor, S., Janik, E., & Logan, A. (2007). *Curriculum coherence and student success*. Rapport PAREA, Champlain Regional College, Campus St. Lambert. St. Lambert, QC: Champlain St. Lambert Cégep.

Brophy, J. E. (1982). How teachers influence what is taught and learned in class-rooms. *The Elementary School Journal*, *83*(1), 1-13.

Brown, T. (2008). Design thinking. *Harvard Business Review*, *June 2008*, 84-92.

Buchanan, R. (1992). Wicked problems in design thinking. *Design Issues*, *8*(2), 5-21.

Bybee, R. W. (2003). The teaching of science: Content, coherence, and congru-ence. *Journal of Science Education and Technology*, *12*(4), 343-358.

Callahan, K. C. (2019). Design thinking in curricula. In R. Hickman, J. Baldacchi-no, K. Freedman, E. Hall, & N. Meager (Eds.), *The International Encyclope-dia of Art and Design Education* (pp. 1-6). Hoboken, NJ: John Wiley & Sons, Inc.

Cohen, S. A. (1987). Instructional alignment: Searching for a magic bullet. *Educa-tional Researcher*, *16*(8), 16-20.

Cook, E. (2020). *Create Story Conflict: How to Increase Tension in Your Writing & Keep Readers Turning Pages*. Creative Academy for Writers.

Dann, R. (2014). Assessment as learning: Blurring the boundaries of assessment and learning for theory, policy and practice. *Assessment in Education: Prin-ciples, Policy & Practice*, *21*(2), 149-166.

De Almeida, S., & Viana, J. (2023). Teachers as curriculum designers: What knowledge is needed? *The Curriculum Journal*, *34*, 357-374.

Dillon, J. T. (2009). The questions of curriculum. *Journal of Curriculum Studies*, *41*(3), 343-359.

Earl, L. M. (2007). Assessment as learning. In W. D. Hawley (Ed.), *The Keys to Effective Schools: Educational Reform as Continuous Improvement* (2nd ed., pp. 85-93). Thousand Oaks, CA: Corwin Press.

Glatthorn, A. A., Boschee, F., Whitehead, B. M., & Boschee, B. F. (2019). *Curriculum Leadership: Strategies for Development and Implementation (5ᵗʰ ed.)*. Thousand Oaks, CA: Sage.

Goodlad, J. I. (1979). The scope of curriculum field. In J. I. Goodlad & Associates, *Curriculum Inquiry: The Study of Curriculum Practice*. New York, NY: McGraw-Hill.

Hartmann, R. (2020). *The Structure of Story: How to Write Great Stories by Focusing on What Really Matters*. Irvine, CA: Kiingo.

Hokanson, B., & Fraher, R. (2008). Narrative structure, myth, and cognition for instructional design. *Educational Technology*, *48*(1), 27-32.

Huizinga, T., Handelzalts, A., Nieveen, N., & Voogt, J. M. (2014). Teacher involvement in curriculum design: Need for support to enhance teachers' design expertise. *Journal of Curriculum Studies*, *46*(1), 33-57.

IDEO (2012). *Design Thinking for Educators*. IDEO. http:// designthinkingforeducators.com/

Johansson-Sköldberg, U., Woodilla, J., & Çetinkaya, M. (2013). Design thinking: past, present and possible futures. *Creativity and Innovation Management*, *22*(2), 121-146.

Kress, G. (2000). A curriculum for the future. *Cambridge Journal of Education*, *30*(1), 133-145.

Lu, H. -L. & Teng, D. C. -E. (2022). SAROPAS: A competency-based performance task design model. In M. Carmo (Ed.), *Education and New Developments 2022* (Vol. 2) (pp. 304-307). Lisboa, Portugal: inScience Press.

Luchs, M. G. (2015). A brief introduction to design thinking. In M. G. Luchs, K. S. Swan, & A. Griffin (Eds.), *Design Thinking: New Product Development Essentials from the PDMA* (pp. 1-11). Hoboken, NJ: John Wiley & Sons, Inc.

Luka, I. (2014). Design thinking in pedagogy. *Journal of Education Culture and Society*, *2*, 63-74.

Maniates, H. (2016). CCSS-aligned materials: Teachers as consumers or curriculum designers? *Language Arts*, *93*(4), 302-303.

Marschall, C., & French, R. (2018). *Concept-based Inquiry in Action: Strategies to Promote Transferable Understanding*. Thousand Oaks, CA: Corwin.

McPhail, G. (2021). The search for deep learning: A curriculum coherence model. *Journal of Curriculum Studies*, *53*(4), 420-434.

OECD (2018). *The Future of Education and Skills 2030: Conceptual Learning Framework* (Learning Compass 2030). Paris, France: Organization for Economic Co-operation and Development.

Ornstein, A. C., & Hunkins, F. P. (2018). *Curriculum: Foundations, Principles, and Issues* (7th ed.). New York, NY: Pearson.

Pressman, A. (2019). *Design Thinking: A Guide to Creative Problem Solving for Everyone*. New York, NY: Routledge.

Rata, E. (2020). What is a knowledge-rich curriculum? *New Zealand Annual Review of Education*, *26*, 29-35.

Rata, E. (2021). The curriculum design coherence model in the knowledge rich school project. *Review of Education*, *9*(2), 448-495.

Razzouk, R. & Shute, V. (2012). What is design thinking and why is it important? *Review of Educational Research*, *82*(3), 330-348.

Santone, S. (2018). *Reframing the Curriculum: Design for Social Justice and Sustainability*. New York, NY: Routledge.

Schmidt, W. H., & Houang, R. T. (2012). Curricular coherence and the Common Core State Standards for mathematics. *Educational Researcher*, *41*(8), 294-308.

Schmidt, W. H., Houang, R. T., & Cogan, L. (2002). A coherence curriculum: The case of mathematics. *American Educator*, *26*(10), 1-18.

Schmidt, W. H., Wang, H. C., & McKnight, C. C. (2005). Curriculum coherence: An examination of US mathematics and science content standards from an international perspective. *Journal of Curriculum Studies*, *37*(5), 525-559.

Schwab, J. J. (1969). The practical: A language for curriculum. *The School Review*,

78(1), 1-23.

Simon, H. A. (1999). The Sciences of the Artificial (3rd ed.). Cambridge, MA: The MIT Press.

Smith, M. K. (2000). Curriculum theory and practice. The encyclopedia of informal education. Retrieved from www.infed.org/biblio/b-curric.htm

Sundberg, D. (2022). Curriculum coherence: Exploring the intended and enacted curriculum in different schools. In N. Wahlström (Ed.), *Equity, Teaching Practice, and the Curriculum: Exploring Differences in Access to Knowledge* (pp. 76-89). New York, NY: Routledge.

Torrance, H. (2007). Assessment as learning? How the use of explicit learning objectives, assessment criteria and feedback in post-secondary education and training can come to dominate learning. *Assessment in Education, 14*(3), 281-294.

Trinter, C. P., & Hughes, H. E. (2021). Teachers as curriculum designers: Inviting teachers into the productive struggle. *Research in Middle Level Education, 44*(3), 1-16.

Tyler, R. W. (1949). *Basic Principles of Curriculum and Instruction.* Chicago, IL: The University of Chicago Press.

Uebernickel, F., Jiang, L., Brenner, W., Pukall, B., Naef, T., & Schindlholzer, B. (2020). *Design Thinking: The Handbook.* Hackensack, NJ: World Scientific Publishing.

Wiggins, G., & McTighe, J. (2005). *Understanding by Design* (Expanded 2nd ed.). Alexandria, VA: ASCD.

Young, M. (2013). Overcoming the crisis in curriculum theory: A knowledge-based approach. *Journal of Curriculum Studies, 45*(2), 101-118.

Young, M., & Muller, J. (2013). On the powers of powerful knowledge. *Review of Education, 1*(3), 229-250.

第四章

十二年國教校訂課程
實施之探討

黃琇屏

美國賓州州立大學課程與教學研究所博士
國立臺東大學教育系教授兼系主任

壹　前言

　　2014 年教育部公布《十二年國民基本教育課程綱要總綱》，臺灣的教育體制開始經歷重大的轉變。新課綱強調中小學課程的連貫與統整，以實踐素養導向的教學理念；並致力培養學生具備終身學習的能力，關注社會議題擁有國際視野，從而實現個人潛能的全面發展（教育部，2014）。各級學校根據總綱所揭示的願景、理念和課程架構，逐漸改變學校原有的課程發展模式。

　　十二年國民基本教育（以下簡稱十二年國教）課程，以「成就每一個孩子、適性揚才、終身學習」作為課程的願景，以「自發、互動、共好」九大核心素養為課程目標。透過「素養導向教學」和「校訂課程」的方式，培養學習者身心健全發展，開展潛能和適性（洪詠善、范信賢，2015）。此外，也對課程類型進行區分，包括「部定課程」和「校訂課程」。這兩大類課程具有不同的定位和功能，「部定課程」由國家統一規劃，旨在培養學生的基本能力，為其適性發展打下基礎。而「校訂課程」則由各學校自行安排，根據學生特質、家長社區特性以及教學資源等因素進行規劃（教育部，2014）。

　　十二年國教賦予學校發展在地特色課程的機會，學校課程發展委員會（課發會）可以依據新課綱的理念和精神，結合當地的特色文化，建立校本課程的願景、學生圖像和校本目標。課發會也負責引領學校全體教師一同設計符合核心素養的課程地圖，其中包括領域、跨領域和科目的部定與校訂課程設計，同時實施相關的教學和學習評量方法（教育部，2015）。

　　新課綱的特色之一是鼓勵學校開發與增加獨特特色的課程，同時重視學生的主動學習權益，大幅擴展選修課程的範圍。校訂課程的規劃是新課綱中的重要環節，鼓勵學校運用自身的資源和特色，規劃適合的課程，以協助學生的學習（黃琇屏，2020）。根據蔡清田（2014）的研究，校訂課程是基於學校本位的課程發展過程，從課程發展的觀點出發。在校長的領導下，考慮到學校成員的專業特點、學校的願景、社區需求、師資人力結構、學生需求、設備資源以及家長期望等因素，建立起符合學生需求且具

實用性的特色課程。透過這樣的方式，學校能夠塑造其願景，強化學生的適性發展。

面對這波課程的轉變，學校因應十二年國教改革的需求，積極發展校訂特色課程。本文首先闡述校訂課程發展歷程與原則，接續說明校訂課程規劃模式、類型與特色，再來，探討校訂課程實施面臨之困境與因應策略，最後提出結語，希冀有助於學校與教師落實校訂課程的發展，提供學校未來規劃與實施校訂課程的參考。

校訂課程發展歷程與原則

校訂課程是從學校本位課程發展的歷程衍伸而來，它需要校長與教師共同考量學校地域性、學校的願景、教師的特性、學生的需求、社區環境以及家長的期許等多方面的綜合因素。這樣的考量可以幫助學校建立符合學生需求且切實可行的課程內容（蔡清田，2014），本節針對校訂課程發展歷程與原則分別說明。

一、校訂課程發展歷程

十二年國教校訂課程的概念在九年一貫課綱時期，已開始萌芽。根據《國民中小學九年一貫課程綱要總綱》的實施要點，將學習節數分為「領域學習節數」和「彈性學習節數」（教育部，2006）。關於「彈性學習節數」是由學校自行制定，學校明訂各年級每週需安排彈性課程的節數區間2至7節，並可根據地區特性、學生特質和需求以及自身特色，選擇或自行編輯適合的教材來設計課程或活動，進行補救教學、班級輔導、社團以及學生自主學習活動（教育部，2006）。

依照《九年一貫課程綱要》的規定，學校必須成立「課程發展委員會」，設立「各學習領域課程小組」，規劃學校總體課程計畫，並發展符合學校需求的「學校本位課程」（教育部，2006）。九年一貫的課程改革鼓勵學校利用彈性學習時間來發展特色課程，以創造更多的課程鬆綁和學生自主發展的機會（鄭章華，2017），這可以視為「校訂課程」的起始階

段根據。

　　然而，長期以來在國中教育現場，一直被升學主義所束縛，彈性學習時間幾乎被視爲基本考試科目外的額外時間。因此，九年一貫的實施對於教學現場並未產生顯著的轉變（鄭章華，2017）。九年一貫課程雖然規定讓學校運用彈性學習節數，來規劃學校本位課程，卻因節數太少，教師多以社區特色景點進行參訪，並以學習單或發表心得的方式作爲結尾，讓課程缺乏系統性的發展，導致原本發展學校特色課程的初衷逐漸偏離，流於形式而失去原本的精神（吳俊憲、吳錦惠，2021）。此外，彈性學習節數常常被用來因應升學考試的需要，使得領域學習或課業加強成爲主要活動，導致彈性學習節數成爲領域教學的延伸時間。

　　再者，九年一貫的實施在學校本位課程也面臨一些實務上的挑戰，包括教師的課程概念模糊、教師參與意願低落、課程發展組織運行困難、評鑑與回饋機制難以落實以及升學壓力限制等問題（吳俊憲、黃政傑，2010），讓彈性學習節數實施的效果未能發揮。

　　基於九年一貫彈性學習節數實施的經驗中，以及歷經數十次新課綱研修會議，十二年國教的目標，校訂課程發展的重點，植基於學校特色課程的基礎上進一步轉化，使其符合學校的教育願景，培育學生的適性發展，並融合地方文化特色以及整合教學資源。透過校訂課程的實施，每個孩子都有機會整合和擴展所學的內容並展現自己的能力，十二年國教校訂課程在深度和廣度上得以具體呈現（教育部，2014）。

　　此外，新課綱中將九年一貫課程的「彈性學習節數」轉變爲「彈性學習課程」，並根據學校和各學習階段的學生特性，規定校訂課程的課程節數。這種從「節數」到「課程」的轉變，意味教學現場需要更結構化和有脈絡的整體性課程規劃和設計。對學校而言，這是充分展現教育理念的機會，也是一項挑戰性的任務（簡菲莉，2018）。

　　新課綱透過建立各校課程發展委員會，賦予學校執行校訂課程極大的操作空間，可見校訂課程在教育改革浪潮中扮演著重要的角色。這樣的實踐經驗顯示，校訂課程的發展不僅能夠回應學校的特殊需求和發展方向，還可以充分運用各方意見與專業知識，塑造具有適切深度和廣度的課程內

容，進而提升學生的學習成效和教育品質。

二、校訂課程規劃原則

校訂課程被歸屬為正式的學習內容，因此應該具備統整的學習節數分配，而非零散的分配。同時，校訂課程應該有整體系統性的發展規劃，這樣才能確保課程的完整性和連貫性（吳俊憲、吳錦惠，2021）。校訂課程的設計應該建立在學校課程計畫的基礎上，它是學校根據自身特點所設計的課程方案，融合學校特色和需求，反映學校對於學生學習的期望和目標，提高學生學習動機。

根據范信賢（2018）的研究，校訂課程發展應具備三項原則和三個條件。首先，校訂課程應遵循「因地制宜、因校制宜、因生制宜」的原則，即依據當地特點、學校特色和學生需求進行適應性的課程設計。其次，校訂課程發展必須符應「合總綱規範、意義價值性、系統邏輯性」的條件。課程設計應符合相關教育總綱的規範，同時彰顯課程的意義和價值。此外，課程規劃應具備系統性的邏輯，以確保課程內容之間的連貫性和統一性。這些原則和條件的遵循，有助於確保校訂課程能夠因應當地特色和學生需求，同時提供具有意義和價值的學習經驗。

吳俊憲與吳錦惠（2021）提出規劃校訂課程時必須考慮三個要素。首先，課程規劃應符合新課綱的規範。其次，課程設計應突顯以學生學習為主體的意義和價值。最後，課程規劃應符合系統邏輯的設計方式。因此，學校的課程發展委員會可以先評估學校現有的資源，並建立具體的學校願景和學生課程圖像。

總之，在校訂課程的發展原則中，需符合新課綱的理念與精神，確保校訂課程與新課綱相符合，並以學生的學習需求為主要核心，建立系統性的課程規劃，提升學校教育的品質和效果。

參　校訂課程規劃模式、類型與特色

校訂課程的規劃與實施，讓學校能夠發展特色與實現多元且具彈性的

課程，本節針對校訂課程規劃模式、類型與特色，分別說明。

一、校訂課程規劃模式

　　校訂課程的規劃亦是整體學校本位課程發展的重要一環（張茵倩、楊俊鴻，2019），關於學校本位課程發展的發展模式，Skilbeck（1984）提出情境分析模式，包括五個要素：1. 情境分析；2. 擬定目標；3. 方案設計；4. 解釋與實施；5. 評估與評鑑。情境分析在於了解課程的問題與需求，Skibeck 認為分析學校情境為發展校訂課程的首要工作，需考量學校內外部因素。內部因素包括：1. 學生的能力和需求；2. 教師的價值觀、態度、知識技能、經驗、特殊專長；3. 學校的風氣、行政結構和資源狀況。至於外部因素，包括：1. 學區與社區的型態、社會文化價值觀和期望；2. 教育系統的需求和挑戰；3. 學科教材的改變；4. 教師支持系統的影響；5. 外部資源的影響（Skilbeck, 1984）。

　　根據情境分析的結果，接續訂定課程目標並建構課程方案。隨後進行課程的實施，同時進行評鑑，根據評鑑結果進行修正和調整。由於內外情境是不斷變動的，因此情境模式強調在每個環節都要重新評估內外部因素並即時因應變化。課程實施的程序並非固定不變，而是根據情況調整，以確保課程的適切性（Skilbeck, 1984）。總之，情境分析是校訂課程規劃的重要步驟，透過對內外部情境因素的評估與分析，來確定課程目標並建構適切的課程方案。

　　Saylor 等人（1981）提出課程發展模式，包括九個步驟：1. 察覺問題：察覺與課程設計或實施相關的問題或挑戰；2. 分析問題：對問題進行深入分析，了解其背後的原因和影響因素；3. 確立目標：明確設定課程設計或實施的目標和期望；4. 尋找解決途徑：探索可能的解決途徑和方法，尋找可行的方案；5. 找到解決對策：選擇最適合的解決方案，並制定相應的對策；6. 採用、修正現行課程或自行發展課程：根據所選解決方案，採用現有課程、對現行課程進行修正，或者自行開發新的課程；7. 開始使用：將修正或新開發的課程實際應用於教學和學習中；8. 評鑑：對課程進行評鑑，檢視其實施成效和達成目標的程度；9. 繼續使用：根據評鑑結果進行

必要的調整和改進，持續使用和發展課程。這些步驟可以不斷重複，以確保課程的持續改進和適應變化的需求。

方朝郁（2018）提出發展校訂課程的模式，包含六個步驟：1. 組織課程發展團隊：建立一個專業的團隊來參與校訂課程的發展工作；2. 分析學校情境與課程需求：了解學校的內部情境和外部環境，並了解學生的需求與學校的發展目標；3. 發展課程願景與目標：確立明確的課程願景和目標，明確說明校訂課程的發展方向和目的；4. 設計校訂課程方案：進行校訂課程的具體設計方案；5. 理解與實施課程：課程實施前，學校讓相關人員理解校訂課程的願景、目標與內涵等；6. 持續評鑑修訂精進：據評鑑結果進行課程修訂和改進。

以上課程發展模式提供系統性的方法來進行校訂課程的發展與實施，從團隊組織到評鑑修訂都被納入考慮，以確保課程的有效性和適應性。透過這些發展模式與步驟，學校可以有效發展出符合學校需求和學生特點的校訂課程，並能不斷改進和提升課程的品質。從九年一貫推行學校本位課程到十二年國教校訂課程，其規劃與實施，都希望確保學生能夠有系統學習和累積知識。課程的發展模式並非僵化不可變動，讓學校能夠實現更多元且具彈性的課程設計，提高學生的學習成效。

二、校訂課程規劃類型

新課綱將課程類型區分為兩大類，賦予不同的定位與功能：1.「部定課程」，內容是國家規劃，為培養學生基本知識、能力與幫助其適性發展的「領域學習課程」：(1) 國中小階段：涵蓋語文、數學、社會、自然科學、藝術、綜合活動、科技、健康與體育等八大必修領域學習課程；(2) 高級中等學校階段：包括各領域基礎學習的「一般科目」，以及讓學生獲得職業性向發展的「專業科目」及「實習科目」。2.「校訂課程」，為國家賦予學校的權力，學校可依據學校願景、資源與特色、各學習階段的學生特性與需求，規劃適當的課程，引導學校發展特色課程，吸引學生學習，提升適性學習與發展，並落實學校本位與特色課程：(1) 國中小階段：這些課程內容統稱為「彈性學習課程」，包括「統整性探究課程」、「社

團活動與技藝課程」、「特殊需求領域課程」、「其他類課程」（包括戶外教育、自主學習、補救教學……）等四類課程；(2) 高級中等學校階段：則為「校訂必修課程」、「選修課程」、「團體活動時間」（包括班級活動、社團活動、學生自治活動、學生服務學習活動、週會或講座等）及「彈性學習時間」（包含學生自主學習、選手培訓、充實（增廣）／補強性課程及學校特色活動）（教育部，2014，頁 8）。各教育階段課程類型如表 1 所示。

　　新課綱課程架構提供不同階段的課程類型和特色，在國小和國中階段，透過部定和校訂的課程規劃，學生可以鞏固基本學力領域學習課程，同時也能有彈性學習課程來試探和培養個人興趣。在高中階段，學生需要選擇適合的學校類型，並建構對學術研究或專門職業領域的知識體系。此外，高中的校訂課程也強調多元發展和適性學習的重要性（洪詠善、范信賢，2015）。

　　綜合言之，部定課程強調學生的基本能力奠定，讓學生在各領域均衡發展。而校訂課程的彈性學習課程規劃則著重於引發學生學習動機，讓學生願意主動學習，培養解決問題的能力，並能將所學知識運用於日常生活情境中。這樣的設計讓學生可以適性多元發展，培養全面的能力，使其在未來能夠應對各種挑戰。

表 1　各教育階段課程類型

教育階段　　課程類型	部定課程	校訂課程
國民小學	領域學習課程	彈性學習課程
國民中學		
高級中等學校　普通型高級中等學校	一般科目 專業科目 實習科目	校訂必修課程 選　修　課　程 團體活動時間 彈性學習時間
技術型高級中等學校		
綜合型高級中等學校		
單科型高級中等學校		

資料來源：教育部（2014，頁 8）

三、校訂課程規劃特色

從九年一貫的「彈性學習節數」到十二年國教校訂課程共同的核心，都是為提升學生的學習興趣與協助學生適性發展為目標（吳俊憲、吳錦惠，2021）。新課綱校訂課程強調發展學校特色，更注重學生適性化的需求，課程更能全面性的規劃。新課綱校訂課程的規劃，有諸多優點，例如：激發學生學習動機、培養學生主動學習的精神與能力、學生有更多生活的體驗、增進學生統整經驗、協助學生自我學習及自我實現、提升教師專業課設計能力等（黃琇屏，2020）。

張秀玲和張輝政（2018）研究指出，隨著教育改革和校訂課程的實施，學校開始逐漸發展出獨具特色的校訂課程，並根據學校的願景，為學生提供適性且完整的學習內容。這些特色課程的設計旨在幫助學生培養未來生活所需的能力和知識，同時關注學生的學習歷程、試探其潛能和培養興趣。透過校訂課程，學校能夠事先規劃和預設學習目標，以便學生能夠有系統地學習和發展。

綜合言之，新課綱鼓勵學校自主發展具有獨具特色的課程，以形塑學校教育願景與建構學生學習圖像為歷程，同時強調學生的自主學習。教師作為教學現場的第一線人員，能夠親身觀察學生學習的過程。透過校訂課程的規劃，教師可以增加專業自主性，讓學習方法變得更加多元化，並加強學生對周遭環境的觀察和互動，協助學生實現多元化的學習歷程，這種學習模式的推動，有助於學生培養更廣泛的技能和知識，並提供他們更豐富的學習體驗。

 ## 肆　校訂課程實施面臨之困境與因應策略

校訂課程的規劃與實施，對於學校內部的組織運作和教學效果有重要影響。但在實施的過程中，也存在許多困難，本節針對校訂課程實施面臨的困境與因應策略，分別說明。

一、校訂課程實施面臨之困境

校訂課程發展是學校內部課程管理的一環，必須依據學校特定情境和背景、學生的需求以及家長的期望，進行不同程度的調整和因應，以確保在校務和課程規劃上的適當安排（林永豐，2018）。然而，各級學校在發展校訂課程時，可能仍會遭遇一些困境，說明如下：

㈠凝聚教師共識不易

為達到新課綱強調學校本位課程發展的目標，學校須具備明確發展願景。願景是組織擁有的價值觀和努力的方向，也代表組織內大家共同持有的意圖或想像（Senge, 2006）。根據新課綱精神，希冀學校發展校訂課程時，教師要先能掌握與建構學校願景；接著擬定明確目標，教師應具備高度共識和認同基礎，透過教師共同合作，不斷進行專業的對話與溝通，凝聚教師共識，進而建立校訂課程架構。面對新一波的課程改革，並非每一位教師都能投入時間了解課程內涵，如何凝聚教師對學校願景與課程規劃的共識，是學校在規劃校訂課程的考驗之一。

㈡部分教師課程設計專業能力不足

教師在課程執行時，扮演重要的關鍵角色，若教師對校訂課程概念模糊，易造成對課程內涵的理解不夠清晰。校訂課程的規劃是由教師共同參與課程開發和執行，期許教師能夠充分發揮其專業自主能力。然而，由於教師長期以來習慣於仰賴教科書進行教學，可能導致教師在課程設計方面的專業能力尚有待提升（呂秀蓮，2017）；若教師課程設計專業不足，將無法共同研發課程，阻礙校訂課程的發展與規劃。此外，大多數教師習慣分科教學，當不同學科與專長之教師需共同設計課程教學內容時，團隊合作效能可能也將受影響。

㈢教師工作負擔重，不願花費時間參與課程發展

新課綱規定學校有權自主規劃和實施校訂課程，這些課程可針對全校、全年級或班級群體的學習需求設計，以提高學生的學習興趣，鼓勵適

性發展，並爲每位學生提供機會整合所學內容知識，以落實學校本位教育和特色課程目標（教育部，2014）。教學現場上，教師面對大量行政工作與繁重的教學、班級經營工作，讓教師感到沉重負擔，對額外的課程設計參與程度不一，可能會影響課程改革的成效（Chan, 2010）。換言之，教師因爲繁忙的教學工作或擔任行政職務，如果再投入全校、全年級的課程設計工作，將增加他們的工作負擔。這可能導致教師對參與課程發展和教材設計的意願較低，也無暇分心校訂課程規劃，進而影響課程的有效實施。

㈣無法確保校訂課程架構與品質

新課綱架構，讓學校能夠依據自身狀況和需求，如特色條件、教師的專業特長、學生的需求以及學校所在社區的特性等因素，自主設計符合學校特色的校訂課程內容（薛曉華，2020）。透過實施十二年國教推動的校訂課程，學校希望建構學校願景、課程圖像，以發展學校特色課程基礎、融合當地文化並整合學校教師專業資源，建立常態性課程，以提供學生多樣化和豐富的學習體驗。但有些學校的校訂課程目標不夠明確，架構設計並未完整，可能影響校訂課程規劃品質，間接造成課程實施的限制。

㈤校訂課程規劃者與實施者不同，影響實施成效

學校有足夠專業師資和提供專業發展支援才能有效實施校訂課程，並將課程傳承與實踐。然而，在教學的前線，學校可能會遇到師資方面的挑戰，例如小型學校教師編制較少的情況。此外，還可能出現其他問題，如教師的專業知識與學校課程需求不相符等。這些困境都可能會對校訂課程的實施和教學品質，造成不利影響。再者，偏鄉學校則有教師流動的問題，難免有些教師不熟悉自身學校的校訂課程內容。由於學校師資不足，爲減輕教師負擔，導致課程設計者與課程實施者並非同一位教師或同年段教師。這種情形，可能造成教師對課程理念與意見不一致的狀態，讓實際教學者不清楚課程規劃；也會產生課程主題重複或無法連貫的情形，課程永續性受挑戰，影響校訂課程實施的狀況與成效。

㈥學校課務規劃與行政問題

張茵倩和楊俊鴻（2019）指出校訂課程與傳統課程有所不同，其本質要從學生的生活經驗出發，設計上需要突破學科和領域的限制，執行上需要打破教師角色分明的教學模式。然而，這也帶來一系列挑戰，包括教師授課節數的安排、協同教學的限制、教學策略和方式的多元性、學習場域的擴大以及學習策略的自主性等。透過校訂課程的規劃與實施，學校能夠實現更多元且具彈性的課程設計，這意味學校將會開設許多跨領域的協同課程教學，或者運作跨班群的課程。這樣的課程安排不僅會影響到師資的配置，還會引起課程的調整，需要行政部門的支援，進一步考驗學校行政課務的安排。

二、校訂課程實施的因應策略

針對以上校訂課程實施可能產生的困境，筆者提出以下幾點因應策略：

㈠激發教師的認同與主動性

校訂課程是學校建構特色的最佳契機，展現學校多元的風貌，也給予學校和教師彈性和自主發展特色課程的機會，學校在進行課程發展規劃時，關鍵的一環是確保第一線的教師能夠全心投入其中。一所學校要成功實踐校訂課程，學校教師的思維與行動力是關鍵，培養教師對未來教學充滿熱情，並秉持以學習者為核心的教學理念，主動參與專業能力的提升和實踐，成為學校層級課務規劃時，需考慮的重要面向（潘慧玲，2016）。總之，學校應建立全校共識，激發教師對校訂課程發展的認同與主動性，讓教師成為課程設計的主動學習者，提升教師主動參與校訂課程規劃的意願，形塑自己學校的校訂課程。

㈡提升教師課程設計專業知能

長期以來，臺灣教育在考試引導教學的脈絡下，課程改革理念與實際教學現場存有大幅落差。新課綱校訂課程可以強化學校本位課程，落實學

校特色，與領域導向或科目導向的部定課程不同。新課綱的改革，改變教師傳統依賴教科書的形式，強調教師更具彈性空間主導課程設計，展現其專業自主的課程設計發展能力。為了確保學校擁有一個整體性規劃與設計的課程，應該協助教師提升他們在課程規劃與設計方面的專業能力，以更好地協助學生的學習。學校可以邀請專家學者，為教師提供課程發展和創新方面的支援，從而提升教師的課程設計能力（黃琇屏，2020）。此外，學校可以依據教師課程教學的實際需求，透過研討會、工作坊與建立教師社群等方式，鼓勵教師積極參與課程發展、課程共備等，透過專業對話，提供教師專業發展的機會，提升教師課程教學的知能。

(三)建立校訂課程評鑑機制，以維護課程品質

課程發展若缺乏系統性規劃發展，將面臨知識淺化的風險，導致原本設立學校本位課程的初衷逐漸偏離，課程內容變得形式化，失去最初的核心精神（吳俊憲、吳錦惠，2021）。所以校訂課程的規劃與實施後，應當建立一套評鑑機制，以提升課程品質。全校教師共同參與討論，建立有效的課程發展組織與評鑑機制，檢視校訂課程目標是否明確、課程架構完善程度等，以確保課程能夠有效運行。藉由檢核過程，學校能夠了解課程實施中的困難、不足之處以及學生學習成效，進而協助學校進行自我檢視和改進課程。完善的課程評鑑機制，將為學校提供思考和持續修正校訂課程的參考，確保對課程實施效果的監測和改進措施的及時反饋，使課程更加完善。

(四)行政配套措施的規劃

為解決教師排課時數、鐘點費等相關問題，行政單位可以建立有效的溝通機制，如定期會議或交流平臺，了解教師的需求和限制，共同討論解決方案，加強橫向統整與溝通，進行教師教學時數和時間的調整。透過共同備課時間的合理安排和靈活的彈性課表使用，學校解決排課和教師協同教學等問題。這些措施能夠促進各單位間的協作，有效處理校訂課程安排的相關挑戰，進而提高教學效率和質量，同時提供更好的教學環境和支援，進一步成功推動校訂課程的實施。

伍　結語

　　十二年國教是教育改革的重要里程碑，新課綱符合教育開放與鼓勵課程改革的內涵與精神，校訂課程的規劃與推動，在新課綱中扮演重要的角色，鼓勵學校運用自身的資源和特色以及教師專業來規劃合適的課程，以協助學生的學習。學校也需充分應對此變革，以確保教學現場能有效執行新的課程規劃，並提供學生具連貫性與有意義的學習環境。

　　校訂課程的核心價值在讓學校能夠根據其獨特的教育願景和特色，進行特色課程的開發和規劃。透過這種方式，學校能夠展現自身的特色，並提供符合學生需求的教育內容。透過校訂課程推行，學校能夠回應學生的學習需求和社會期待，提供具實用性、適切性、有價值和意義性的課程，進而提高教學效果和學生學習成果。

　　期許教師在新課綱實施後，能運用自身的專業知識和技能，理解學校的特色，積極參與校訂課程的發展。透過課程創新，提供學生豐富內涵和深度的學習經驗。希冀教師和學校共同努力，發展具有特色的校訂課程，培育學生具備全面發展和適應未來挑戰的能力。

參考文獻

一、中文部分

方朝郁（2018）。自造者教育在十二年國教校訂課程之發展模式—學校本位課程的觀點。**教育研究，288**，69-83。

洪詠善、范信賢（2015）。**同行：走進十二年國民基本教育課程綱要總綱**。臺北市：國家教育研究院。

呂秀蓮（2017）。十二年國教新課綱的使用：現況、困境與解決。**教育研究月刊，278**，95-100。

吳俊憲、吳錦惠（2021）。國小108課綱校訂課程計畫系統發展與問題評析。**臺灣教育評論月刊，10**(8)，1–7。

林永豐（2018）。延續或斷裂？從能力到素養的課程改革意涵。**課程研究，13**(2)，1-20。

范信賢（2018）。**彈性學習課程發展與設計**。輔導夥伴增能研習—跨領域統整性探究課程及教學設計資料，新竹市。

張秀玲、張輝政（2018）。配合十二年國民基本教育新課綱校本課程之發展—以弘文中學為例。**台灣教育，710**，81-89。

張茵倩、楊俊鴻（2019）。從校訂到校本：校長課程領導的行動策略。**課程研究，14**(2)，49-65。

教育部（2006）。國民中小學九年一貫課程綱要。臺北市：作者。

教育部（2014）。十二年國民基本教育課程綱要總綱。臺北市：作者。

教育部（2015）。十二年國民基本教育領域課程綱要核心素養發展手冊。臺北市：作者。

黃琇屏（2020）。校訂課程規劃與實施之思考。**臺灣教育評論月刊，9**(8)，1-4。

薛曉華（2020）。十二年國教新課綱實施與地方學的相遇：高中「地方學」校訂課程的實踐意義。**台灣教育，721**，51- 60。

潘慧玲（2016）。十二年國民基本教育普通高中課程規劃及行政準備手冊。
　　新北市：國家教育研究院。

蔡清田（2014）。**國民核心素養——十二年國教課程改革的DNA**。臺北市：
　　高等教育。

鄭章華（2017）。揚帆啟航：開創國中課程轉化的新風貌。載於鄭章華主
　　編，尋找支點、啟動改變：十二年國教課綱在國中研究協作與實踐（頁
　　1-16）。新北市：國家教育研究院。

簡菲莉（2018）。策動學校全面改進的實踐之路：以宜蘭縣教育處推動新課
　　綱爲例。**教育研究，289**，12-24。

二、英文部分

Chan, D. W. (2010). Gratitude, gratitude intervention and subjective well-being
　　among Chinese school teachers in Hong Kong. *Educational Psychology,
　　30*(2), 139-153.

Saylor, J. G., Alexander, W. M. & Lewis, A. J. (1981). *Curriculum planning for
　　better teaching and learning(4th)*, N.Y.: Holt, Rinehart & Winston.

Senge, P. M. (2006). *The Fifth Discipline: The art & practice of the learning orga-
　　nization*. New York: Doubleday.

Skilbeck, M. (1984). S*chool-based curriculum development. London*, UK: Harper
　　& Row.

第五章

十二年國教政策規劃之研究

舒緒緯

國立高雄師範大學教育學系博士
國立屏東大學教育系教授

前言

　　「凡事豫則立，不豫則廢」，這句耳熟能詳的格言，人人幾乎都能朗朗上口，這也說明事前規劃的重要性。就政策分析的觀點來看，政策規劃為政策循環圈的一環，也是政策分析過程中的重要階段（丘昌泰，2022）。政策規劃有稱之為 policy planning，亦有稱之為 policy formulation。所謂政策形成（policy formation），包括創造（creating）、採納（adopting）、執行（implementating）的整個過程，也可稱之為政策過程（policy process）。相對而言，政策規劃係指為解決政策問題所研擬的政策方案（alternatives）或選項（options）（Anderson, 2003）。易言之，雖然政策規劃位於政策過程的前端，但若是規劃不實，後續之採納與執行則淪為窒礙難行。故唯有事前詳盡的規劃，方能研議出可行且符合社會大眾需求的方案，如此一來，政策的推動才能順利進行（丘昌泰，2022）。

　　政府推動政策旨在解決政策問題，因此政策規劃是目標導向（余致力、毛壽龍、陳敦源、郭昱瑩，2008），其目的在解決人民所關切的問題，或滿足人民的需求。所以在政策規劃階段，主要的工作是確定問題並提出解決問題的策略及其相關配套措施，以供決策者參考（舒緒緯，2019）。也就是說，政府的職能就是在解決問題，所以 Sidney（2007）就認為政策規劃就是處理「什麼」（what）的問題，例如問題為何、目標為何、方案為何、完成目標的選擇為何。

　　中華文化源遠流長，有其豐富的內涵，並且在人類文明的發展上，有其重要貢獻與地位。但是文化的傳承必須與時俱進，不斷更新其內涵，才能長治久安。否則一旦淪為形式，不但無益於傳承，甚有可能阻礙社會的進步。所謂迷信，某種程度上來說，有其文化底蘊，但卻未能與時俱進，以致淪為盲信與反智。就如同士農工商的階級排序，導致「萬般皆下品、唯有讀書高」的士大夫文化，也影響到學校教育的實施。此種文憑至上的意識型態，深深影響到社會各個層面，甚至對教育發展與社會進步產生某種程度的負面效應。雖然有識者大力推動各種教育改革，試圖扭轉此現象，但意識型態是一組根深柢固的概念性原則與價值觀，無法加以檢驗其

對錯。再者意識型態帶有強大的動員力與感染力，很難以理性來說服感性錯誤（舒緒緯，2018a）。所以意識型態未變，政策的推動往往是事倍功半，甚至是無功而返。

中等教育普及化是二次大戰後教育發展的趨勢，因此政府自播遷來臺，積極從事各項建設，隨著國內外情勢漸趨穩定，因此自 1968 年起將義務教育延長為九年。而九年國教的實施，不僅提升國民素質，也提供質優量多的勞動人力，並為其後的經濟起飛打下良好的基礎。如前所述，傳統的價值觀影響到教育的實施，因此延長國民義務教育年限，以引導國中教學正常化，似乎成為有效的策略。為達此一目標，自 1980 年代起即有類似的主張出現。1983 年時任教育部長的朱匯森提出「延長以職業教育為主的國民教育」，針對具國中畢業證書且未滿 18 歲之就業青年，以部分時間進行職業補習進修教育，但因各界對此計畫意見不一，故胎死腹中。1989 年，李煥擔任行政院長，在其指示下，教育部開始研議十二年國民教育的可行性。在時任教育部長的毛高文乃積極規劃，提出政策方案。1990 年，行政院核定頒布「延長國民教育初期計畫—國民中學畢業生自願就學高級中等學校方案」（後更名為國中畢業生自願就學輔導方案）。1993 年，郭為藩接任教育部長一職，除續辦「國中畢業生自願就學輔導方案」外，並試辦完全中學與綜合高中。其後，繼任的吳京、林清江仍繼續推動相關政策。楊朝祥接任教育部長後，組成「延長國民基本教育年限政策諮詢小組」、「延長國民基本教育年限規劃委員會」、「工作小組」及「研究小組」，積極規劃在三年內實施十二年國教（引自舒緒緯，2018b）。

2000 年的總統大選，民進黨籍的陳水扁取得勝選，由於他的政見也主張實施十二年國教，所以民進黨取得執政權後亦積極推動此一政策。2008 年，馬英九在總統大選中勝出，成為中華民國第十二任總統，繼續推動十二年國教。2012 年馬英九連任成功，內閣進行改組，蔣偉寧接任教育部長一職，由於馬英九之前宣布自 2014 學年度起實施十二年國教，因此他積極推動相關工作，故十二年國教於 2014 年 8 月正式實施，使我國的教育發展邁入一個新紀元（教育部，2015；2016）。

貳 政策規劃的意義

所謂政策規劃係指「政府為解決政策問題，滿足人民需求，針對未來之發展，以理性方式發展出計畫、方案、對策之動態過程。」（舒緒緯，2019）依此定義，其內涵如下：

一、政策規劃之目的在發揮政府職能

解決人民問題，滿足人民需求，乃政府存在的目的。故一個有效能的政府，不僅能解決現存的問題，亦能未雨綢繆，防範於未然。所以 Jones（1984）就認為政策規劃與醫生處方在本質上都一樣，皆在解決問題，滿足需求。

二、政策規劃具前瞻性與發展性

政策規劃係針對未來的發展所提出的策略或方案，某種程度來說，它也是組織的願景，故其必須有前瞻性與發展性。所以林水波與張世賢（2006）將政策規劃視為針對未來，發展可行方案以解決公共問題的動態過程。針對未來即所謂前瞻性，動態過程即為發展性。

三、資料蒐集的完整性，有利於政策的規劃

政策規劃係以現況為基礎，擬訂可行方案，並以未來發展為目標，因此現況資料的蒐集是否詳細完整，將會影響規劃的正確性。Quade（1982）指出規劃包含分析問題與時程排定兩個階段，而分析問題則必須蒐集完整且詳細的資料，才能進行下一步的程序，並確保後續步驟的正確。

四、政策規劃是理性導向

政策規劃須遵守理性法則，摒除個人主觀的偏見或意識型態，方能得到較佳的解決方案。所以 Mayer（1985）認為政策規劃必須以理性方式進行選擇與設計，而鄭興弟（2003）也認為政策規劃係必須採取科學方法，以理性為取向，來設計一套未來的行動方案。易言之，政策規劃必須以科

學的步驟、理性的態度決定政策方案的取捨。

五、政策規劃是一個動態的過程

有人說，改變是現代社會的常態，所以面對變動不居的世界，更應隨時掌握最新的資料，進行滾動式的修正。也因此政策規劃的過程絕非直線式的過程，必須依實際狀況做動態的修正。所以鄭興弟（2003）、林水波與張世賢（2006）都認爲政策規劃是一個動態的過程，以期發展能解決問題的政策方案。

 ## 政策規劃過程模式

政策規劃的成效不易評價，因爲其後執行所涉及層面極爲複雜，故一般皆從政策過程（policy process）加以檢驗，茲將常用的模式說明如下：

一、連續模式

連續模式（sequential model）就是依時間的順序記錄規劃的過程，通常以直線或循環過程來表達策略與目標間的關係。較常見的連續模式就是策略選擇模式（strategic choice model），它是由 Mintzberg、Raisingghani 與 Theoret 等人所發展。此一模式包括認定、發展、選擇等三個階段。認定階段旨在察覺組織所面臨的問題，並分析決定情境的因果關係。發展階段則係將舊方案進行調整與修正，研擬備選方案。至於選擇階段，則是經由檢視、評估、選擇等三個活動，選定行動方案，並經由合法化的程序，取得法定權威，使其具有法效力與強制力（引自舒緒緯，2019）。

二、脈絡模式

脈絡模式（contextual model）由 Bolan 與 Nuttall（1975）所提出。它在分析市政府的規劃過程，發現規劃環境中所存在的規則、習慣、行動者等規劃文化，會影響規劃的過程。亦即環境中的人、事、物等脈絡因素，對於規劃的過程與結果會產生實質的影響。因此。了解規劃環境中的各種

脈絡因素，是進行規劃前不可或缺的必備功課。Bolan 與 Nuttall 的脈絡模式共分二大區塊，第一為前提：過程步驟。過程步驟旨在說明政策規劃的過程，其步驟為：1. 建構與界定方案，2. 確認備選方案的特性，3. 建構決策領域，4. 參與公開的決策過程，5. 執行決定過程的結果。

　　探討決策過程的前提要項，只是了解決策過程的基本方向，真正會影響決策的產出，主要有四個變項組，茲說明如下：變項組一：過程角色，係指政策行動者所扮演的角色或擁有的資訊、能力、特質等，主要變項有二，分別為：1. 過程角色之專業能力，2. 過程角色之測量。變項組二：決策領域特色，係指決策環境的特點及彼此的關係，包括：社會政治結構與決策單位特色。變項組三：規劃和行動策略，係指規劃者依據相關資訊，進行政策規劃與政策執行的策略。變項組三包括規劃策略與行動策略二個子項目。變項組四：問題屬性，包括：1. 意識型態的強調程度，2. 結果的分配情形，3. 政策彈性，4. 指標的團體的數量與歧異性，5. 政策結果的預測性及風險，6. 政策內容的傳達性（引自舒緒緯，2019）。

三、互動模式

　　互動模式（interaction model）強調利益的交換是強化參與者互動關係的重要因素，而此種交易行為經由組織內的網絡運作。Banfield 認為在政策規劃過程當中，有集中決策過程與社會選擇過程二種互動模式。集中決策過程是預先規劃的結果；而社會選擇過程則係未在預設立場下互動的結果。由於政策問題的複雜性與動態性，政策規劃的產出大都係為由社會選擇過程的結果（引自舒緒緯，2019）。

四、交換模式

　　交換模式（exchange model）係植基於社會交換理論，其基本假定是參與者認為有利可圖，才會加入互動的關係中，所以它也屬於互動模式之一。就參與者而言，之所以願意參與其中，主要是有利可圖，而此處所謂之利，除表面交換行為外，還包括權力地位、共識程度、互賴與合作關係等之交換。易言之，經由上述實質性與制度面的利益交換，彼此關係更為

穩固，也如同 Benson 所言之超架構層次與次架構層次的穩定發展（引自舒緒緯，2019）。

五、權變模式

權變模式（contingency model）強調外在的脈絡情境因素會影響組織的結構與運作，當然政策規劃也受到環境的影響，所以 Bolan、Greenwood 等人都以權變模式來探討政策規劃與情境脈絡的關係。也就是說，權變模式強調的是在脈絡因素的限制下，並無所謂的最佳規劃方式的存在。唯有因勢利導，做權變的選擇，規劃的結果才較能符合實際的需求，規劃的結果才較能符合實際需求，並確保預期目標的順利完成（引自舒緒緯，2019）。

 本研究採用之分析模式

政策規劃離不開脈絡環境，上述五種模式的共同特點即為強調環境或脈絡因素對政策規劃之影響。其中 Bolan 與 Nuttall（1975）的脈絡模式中的「前提：過程步驟」，即為政策規劃的過程。至於四個變項組即為影響規劃過程的脈絡因素，故本研究以其為分析藍本，並依實際狀況加以增刪或加入其他模式的元素。茲將其內涵說明如下：

一、規劃過程

㈠ 建構與決定方案：係指方案的發想與決定。

㈡ 確認方案的特性：係指分析確認政策方案的優缺點，以及政策成效為何。

㈢ 建構決策領域：係指根據規劃方案，確認並了解利害關係人及利益團體對於計畫方案的態度。而為順利達成政策目的，則採取若干活動與措施，將反對聲浪降到最低。

㈣ 參與公開的決策過程：係指在決策過程中採取必要的措施，以求決策的完善，並獲得多數人的認同與支持。

㈤ 執行決定過程的結果：係指政策執行後，對政策進行評估，並根據評估結果做適當的調整與修正。

在政策規劃過程當中，規劃者必須考慮到影響政策執行的脈絡因素。而在本模式中，共有四組的脈絡因素會影響政策規劃的成效。茲說明如下：

㈠ 變項組一（過程角色）：係指政策過規劃者本身必須具備的能力，以及外在條件配合的情形。

㈡ 變項組二（決策領域特色）：係指決策環境的組織結構，以及決策單位的特點及彼此的關係。

㈢ 變項組三（規劃和行動策略）：係指規劃者依據相關資訊，進行政策規劃與政策執行的策略。

㈣ 變項組四（問題屬性）：係指政策問題本身的屬性，以及政策方案對政策問題解決的程度。

伍　十二年國教規劃過程探討

本文有關十二年國教之規劃過程，依上述之分析模式，分別從規劃過程、過程角色、決策領域特色、規劃和行動策略、問題屬性等層面加以說明。

一、規劃過程

㈠建構與決定方案

長久以來，臺灣教育深受升學主義與聯考制度的桎梏，呈現不正常的發展，尤以國中教育為然。1968 年實施的九年國教，雖然解決國小教學不正常的問題，但卻將升學的壓力轉移至國中。由於國中教育受升學壓力荼毒，因此前教育部部長朱匯森於 1983 年規劃實施「延長以職業教育為主的國民教育」計畫，試圖緩解國中生的升學壓力，並導正國中教育。而其後歷任之教育部長不是推動類似的教育政策，就是微調升學方式（例如

實施多元入學），或是設置新型學校（例如綜合高中），而其目的皆在舒緩學生的升學壓力，並導正因過度升學競爭而變質的國中教育（楊思偉，2006）。但由於傳統價值觀之故，即便政府採取多種措施以降低升學壓力，但成效似乎不彰，也因此有關單位決定以釜底抽薪之計澈底解決此剪不斷、理還亂的政策問題。由於九年國教的實施，確實對於國小教育品質的提升有其具體成效，因此若能師法九年國教，再加上後期中等教育普及化已成為先進國家的趨勢（楊思偉，2006），所以延長國民教育年限似乎成為解決國中教育亂象的一帖良方。也因此上述歷任教育部長所推動的改革，都有某種程度延長國教的意涵。

雖然歷任教育部長殫精竭慮想要解決國中教育的問題，但其成效並不如預期，為澈底解決國中教育的陳疴，將國民教育年延長，既可全面提升國民素質，又可舒緩升學競爭（楊思偉，2006），似乎為可行之道。因此前教育部長林清江於 1999 年 2 月底公開宣示，2001 年前將提出「十二年國教」的實施時程表及具體方案。而繼任其位的楊朝祥於 1999 年 8 月 5 日表示，《教育基本法》第 11 條規定：「國民基本教育應視社會發展需要延長其年限」，因此延長國民教育法源已定，故教育部將組專案委員會研議相關問題，並最快於 2004 年開始實施「十二年國教」（楊蕙菁，1999 年 8 月 6 日）。

2000 年總統大選，民進黨首度取得執政權，陳水扁之競選政見亦包括實施十二年國教（江昭青，2003 年 1 月 4 日），因此「十二年國教」並未隨政黨輪替而胎死腹中。為使政策更加周延，故時任教育部長的曾志朗委託學者進行「延伸國民基本受教年限規劃研究」，其後接任教育部長的黃榮村，對於十二年國教的推動更為積極，因此陸續委託學者進行相關研究，從推動模式、課程與教學、經費資源等層面進行廣泛的探討（國立臺灣大學科學教育發展中心，2012）。

2003 年 1 月 3 日，教育部舉行年終記者會，會中黃榮村表示許多教育問題可經由「十二年國教」的實施，而解決大半，因此「十二年國教」將列為 9 月所舉行之全國教育發展會議的議題之一（江昭青，2003 年 1 月 4 日）。8 月 30 日，教育部「十二年國教規劃草案」定稿，預計最快

2005 學年度在離島與花東地區試辦，2009 學年度全面實施。依教育部的規劃，「十二年國教」係採非免試、非免費、非強迫的方式實施（孟祥傑，2003 年 8 月 31 日）。草案一提出後，贊成及反對者有之，依然是各說各話，沒有交集（江昭青，2003 年 8 月 31 日）。

9 月 13 日，「全國教育發展會議」在國家圖書館登場。與會者對於實施「十二年國教」持反對意見（林志成，2003 年 9 月 14 日 a），但是在場外抗議的家長團體，卻要求教育部應訂定啟動機制，讓「十二年國教」順利誕生（林志成，2003 年 9 月 14 日 b）。由於各界的意見不一，且質疑聲浪不斷，故教育部急踩剎車，黃榮村於 9 月 14 日表示，三年後再決定「十二年國教」是否試辦及實施（韓國棟、陳洛薇，2003 年 9 月 15 日）。

2007 年 2 月 27 日，時任行政院長的蘇貞昌宣布政府將實施「十二年國教」，並由教育部提出相關配套方案（韓國棟、吳進昌，2007 年 2 月 28 日）。但由於配套方案不明，以致各界反應不佳，故教育部於 3 月 4 日公布《十二年國民基本教育說帖》，將計畫內容進行原則性的說明。整個「十二年國民基本教育實施計畫」共包括 12 項子計畫與 21 項方案，教育部各業務司都有負責的項目（教育部，2007）。同時，時任教育部長的杜正勝亦指出，由於「十二年國教」內容複雜，教育部將進行具體政策的研擬，並於一年後再說明「十二年國教」何去何從（韓國棟，2007 年 3 月 5 日）。

2008 年的總統大選，代表國民黨參選的馬英九勝出。2009 年 5 月 24 日家長團體舉行大型靜坐活動，希望政府有更積極的作為，為十二年國教催生（林志成，2009 年 5 月 4 日）。由於政府沒有明確的回應，所以同年 7 月 12 日，由全國家長聯盟等 83 個團體發起「我要免試的十二年國教」大遊行，再次要求儘速實施「十二年國教」，落實教育改革的理念（湯雅雯，2000 年 7 月 13 日）。有鑒於家長對於「十二年國教」的殷切期盼，時任教育部長的吳清基在 2010 年 8 月 28、29 兩日舉行的「第八次全國教育會議」會中宣示，「十二年國教」的具體時程，教育部將於二年內宣布（朱芳瑤，2010 年 8 月 30 日）。也因為教育部的明確宣示，「十二年國

教」的規劃工作如火如荼的進行，並有相當的進展。因此前總統馬英九於2011 年 10 月 6 日宣布，2014 年「十二年國教」正式上路，而且高中、職及五專前三年學生全部免學費（仇佩芬，2011 年 10 月 7 日）。

㈡確認方案的特性

由於「十二年國教」的實施已箭在弦上，因此教育部的各項準備工作也積極的展開。經過一年的努力，行政院於 2011 年 9 月 20 日核定「十二年國教實施計畫」（以下簡稱實施計畫），並自 2014 年開始實施。其主要內涵如下（教育部，2011a）：

1. 理念：有教無類、因材施教、適性揚才、多元進路、優質銜接。

2. 總體目標：「(1) 提升國民基本知能，培養現代公民素養。(2) 強化國民基本能力，以厚植國家經濟競爭力。(3) 促進教育機會均等，以實現社會公平與正義。(4) 充實高級中等學校資源，均衡區域與城鄉教育發展。(5) 落實中學生性向探索與生涯輔導，引導多元適性升學或就業。(6) 有效舒緩過度升學壓力，引導國中正常教學與五育均衡發展。(7) 強化國中學生學習成就評量機制，以確保國中學生基本素質。」

3. 基本內涵：普及、自願非強迫入學、免學費、公私立學校並行、免試為主、學校類型多元、普通與職業教育兼顧。

4. 實施原則：分階段穩健實施、中央與地方政府共同合作、系統整合、家長參與、學校伙伴協助、教育優質化、學習一貫化、學習品質確保。

至於最重要的財源部分，其規劃原則係「以十二年國民基本教育整體實施計畫估算經費需求，並由中央與地方政府依協商之負擔比率，各自循預算程序納編辦理。」亦即「十二年國教」之經費並非完全由中央政府負責，而係中央與地方依協商之比率共同分擔。而中央政府之經費，2011年度原編預算 224.98 億元，追加高中職免學費方案及五歲幼兒免學費教育計畫 27.5 億元；2012 年度法定預算編列 288.58 億元；2013 年度預算案編列 288.96 億元；2014 年度預估需求 339.80 億元；2015 年度預估需求368.47 億元。

㈢建構決策領域

　　如前所述，各界對「十二年國教」的態度不一，即便家長部分亦是意見紛歧。尤其是「十二年國教」的升學方式與以往有極大的不同，對於家長與學生而言，都有高度的不確定性，也因此在維護子女升學權益的前提下，家長團體間也出現對立的看法，甚至是互不相讓。爲了使「十二年國教」得以順利推動，並避免發語權被一方所占用，故教育部在「實施計畫」對應方案 10-1「促進家長參與推動十二年國民基本教育實施方案」，即明白規定教育部應邀請學者專家、中央及地方教育主管機關代表、校長、教師團體代表、家長團體代表組成宣導團，採取多元管道與策略，齊力合作以協助政策的說明與溝通。而其對應方案 11-1「十二年國民基本教育宣導方案」，則以拍攝宣導短片，或與平面媒體合作等多元方式，以宣揚「十二年國教」成就每一個孩子的目標（教育部，2011a）。另外，教育部及各縣市政府均設有「十二年國教」網站，提供相關資訊及問題解惑，以免利害關係人對政策不明而產生恐慌或誤解。

㈣參與公開的決策過程

　　「十二年國教」的政策明朗化之後，其中有關超額比序、先免後特的招生方式，引起部分家長的不滿，咸認爲此種方式不僅與預期目標南轅北轍，更會加重學生的負擔與恐慌。爲溝通彼此意見，教育部乃於 2011 年 5 月 24 日起至 5 月 29 日上，分別在北、中、南、東四區辦了七場公聽會，讓不同的意見得以交流，並可作爲政策修訂的依據。爲聆聽各方的聲音，公聽會的與會人員包括：公私立國中、高中、高職及五專學校校長或教務主任，國中小家長會代表及家長團體代表，師資培育大學代表，教育局（處）代表，校長團體代表，教師團體代表，民意代表，對教育事務關心之民眾或團體代表等（教育部，2011b），期使能讓各方意見異中求同、同中存異。

㈤執行決定過程的結果

　　教育部爲規範後期中等教育制度，乃制定《高級中等教育法》，明

文規定入學方式、學區規劃、學費政策等。法案通過後，《高級中學法》
與《職業學校法》亦於 2016 年廢止，《專科學校法》部分條文亦予以修
正。但徒法不足以自行，為統合相關資源及推動政策，行政院設「十二年
國教推動會」，由行政院院長任召集人；教育部設「十二年國教諮詢會」
與「十二年國教推動小組」，由教育部部長任召集人。另外，教育部亦設
「十二年國教專案辦公室」，由教育部次長擔任召集人。各地方政府成立
「十二年國教規劃推動小組」，由縣市首長或教育局（處）長擔任召集人
（教育部，2011a）。不論是法規或機關，從中央到地方，都陸續設立或
完成，也代表「十二年國教」正往前邁進，為臺灣教育寫下歷史。

由於「十二年國教」是免學費，而且地方政府必須負擔一定比率的經
費，對於原本已是捉襟見肘的地方政府財政而言，無異是雪上加霜。也因
此排富條款可大幅減少政府的負擔，便成為解決策略之一。但是實施排富
條款又與「十二年國教」的精神不符，因此是否應訂定排富條款就引發不
同的意見（楊毅、徐子晴，2013 年 6 月 12 日）。面對不同的聲音與質疑，
行政院的態度搖擺不定，引起輿論的抨擊。最後在黨政協調下，決定以
家戶所得 148 萬元為門檻，在此以下者免收學費（許雅筑、羅暐智、錢震
宇，2013 年 6 月 19 日）。此一兼顧現實與理想的妥協式決定，也使得學
費爭議快速落幕。

此外，國人的明星學校情結一直存在，雖然明星學校的形成有其時
空脈絡，並對教育生態產生不同面向的影響，因此歷次的教育改革都希望
經由入學方式的變革，降低國人的明星學校情結。但以往百分制或級分制
的計分方式，仍然使後期中等教育產生階層化的現象。所以教育會考的設
計僅以精熟、基礎、待加強來表示學生的考試結果，以模糊分數的界限。
但因超額比序太繁複，教育部在各方的壓力下，在三等級外，加了四標示
（鄭語謙，2014 年 5 月 20 日）。而當 2014 年第一次國中會考的成績出
來後，升學競爭較為嚴重的基北及高雄考區，為讓考生在選填志願時有所
依據，避免高分低就或低分高就的情形產生，部分家長要求公布考生成績
的組距及累積人數百分比。但此一要求又與教育部原先的構想相互扞格，
在爭議延燒多日後，不敵輿論及政治的壓力，教育部於 5 月 19 日召集 22

縣市教育局處代表開會，商討是否公布考生成績的組距及累積人數百分比。最後決議採一國兩制，授權基北、高雄區公布國中會考成績分區資料，其他各區仍維持原議（鄭語謙，2014 年 5 月 20 日）。

二、過程角色

　　我國教育政策之制訂有一基本模式：發現問題→提出解決策略→委請學者專家進行相關研究→根據研究結果提出政策方向或形成草案→舉行公聽會或類似廣徵意見之會議→政策合法化→政策制訂。雖然「十二年國教」基本上係一由上而下的決策模式，但為求政策之妥適，在形成草案之前，會委託學者進行研究。基本上參與研究之學者專家在專業能力上足以勝任這些工作，當然最後的研究結論是否會被採用或做修正，仍須視主事者之考量。不過「十二年國教」就某種程度而言，已是勢在必行，因此學者的研究結果也充分反應在相關的政策上。

　　從專業的角度而言，我國教育政策的制訂依賴學者專家的專業知能，因為經由專業的檢驗與論述，不僅較符合理性與科學化的政策規劃原理，在面對質疑與挑戰時，也較具說服力與公信力。當然在先進國家的政策制訂，也是如此。雖然依專業導向所發展出來的政策，可行性較高，但是最重要的是負責規劃政策的學者專家，其來源能否多元化。以往教育部在進行政策規劃時，所委託的學者專家多來自師範體系，而且常為某些固定的學者專家。這些少數學者專家其學術地位與專業知能，無庸置疑，但是在多元化的政策環境下，政策規劃者的來源也必須多元化，否則有可能導致政策失靈的結果。也就是說，未來教育政策的規劃者或研究者不應侷限於師範體系，同時也不宜集中少數人的手中，這樣的過程角色才能因應多元化與變遷化的現代社會。

三、決策領域特色

　　臺灣自解嚴之後，已成多元化的社會，因此較難有所謂「高度共識」的政策主張出現。例如教育部於 2014 年 8 月 14 日召開座談會，檢討

2015 年的「十二年國教」的入學制度，即引發不同家長團體的激辯及場外的抗議（林秀姿，2014 年 8 月 15 日）。再加上政黨的對立與競爭，任何政策主張都有可能找到政治上的盟友及支持力量。而政治人物之所以願意支持，一方面爭取支持的力量，一方面則塑造形象並爭取曝光度。亦即社會力與政治力相互支持、相互茁壯。而立法院係我國最高之民意機構，因此立法委員便成為各方勢力競相接觸的對象。所以行政部門必須透過黨政協商或朝野協商，以取得法案的通過或政策的施行。

如前所述，我國教育決策的模式大都屬於由上而下的行政指導模式，教育部推動的政策不管是自發性或是受指示性，基本上都會順利推動。尤其是教育部推動「十二年國教」以引導國中教育的正常發展，解決國中教育的弊端，對於多數身受其苦的學生及家長而言，更是如大旱之望雲霓。因此在歷次做的民意調查，都有過半數的民眾支持「十二年國教」的實施（旺旺中時民調中心，2013 年 6 月 14 日；孟祥傑，2003 年 9 月 11 日；聯合報民意調查中心，2000 年 1 月 16 日）。即便隨著實施日期的日漸到來，各種批評的聲浪接踵而至，仍有多數的家長贊成實施「十二年國教」（林志成，2013 年 6 月 21 日；聯合報民意調查中心，2013 年 4 月 22 日）。相對於一般民眾或家長的支持態度，中學教師則顯得較為保留。依臺灣師範大學針對中學教師所進行的調查，發現高達八成七的教師不相信教育部已經準備好，整體來說，只有三成教師贊成十二年國教如期上路（鄭語謙，2013 年 7 月 1 日）。雖然民眾的反應不一，而過去教育部所推動的教育改革或教育政策亦是褒貶不一，但教育部身為全國最高教育行政單位，其所推動的政策在剛開始時，仍會受到較多的支持。

四、規劃和行動策略

國中教育階段的學生心智尚未成熟，依法父母負有教養及管教的責任，因此家長的態度對於政策的推動有極大的影響力。再加上人民權利意識的高漲，以及政治人物的推波助瀾，任何政策沒有得到利害關係人的認同與支持，將會寸步難行。也因此教育部深知家長的態度是「十二年國

教」成敗的關鍵因素，因此特別重視政策行銷的工作，舉辦各種會議或講座，除宣導政策外，並進行雙向溝通。而為了貼近與家長的距離，依「實施計畫」之規劃，教育部組織「十二年國教宣導團，邀請學者專家、中央及地方教育主管機關代表、校長、教師團體代表、家長團體代表組成……，採取多元管道與方法，共同協助政策說明與溝通。」（教育部，2011a）

　　如前所述，一般家長比較重視入學結果的公平性，因此當「十二年國教」倡議之初，一般人認為此為解決國中升學壓力，引導教學正常化的政策，因此贊成者居多。直到政策明朗化後，相關之配套措施，例如：以教育會考取代基測、超額比序、在校成績採計方式、特招的內涵、會考成績計算方式……等足以影響學生入學結果之措施，再加上入學成績的內容與方式繁雜，讓許多對政策不甚理解的家長心生恐懼與產生不滿，因此相關措施一變再變。其目的就在於使「十二年國教」能順利推動，不至半途而廢。

五、問題屬性

　　自古以來，「萬般皆下品，唯有讀書高」的意識型態，使得升學主義嚴重影響學校教育的正常發展，固然聯考制度有其公平性的優點，但也造成分分計較的分數主義。如前所述，「十二年國教」的目的之一在於均衡各地的教育發展，亦即要緩解甚至消弭後期中等教育階層化的現象。也因此在入學計分方式，便與以往有極大的不同，除模糊化分數的界限外，也加計在校期間的各種表現。也因為如此，便引起家長的疑慮，認為入學結果未能完全反應學生的程度或能力，因此反彈聲浪四起，其因皆在與傳統價值觀有所扞格。

　　也因為傳統價值觀的影響，故「十二年國教」的入學方式雖較以往有許多不同，但在重視公平的氛圍下，教育會考成績仍成為決定入學結果的關鍵因素，當然也就無法達到舒緩升學壓力的目標。所以前中研院副院長朱敬一就投書媒體，主張「十二年國教」必須以「免試升學」、「學區分發」為前提，否則將導致差之毫釐、失之千里的情形產生。即便實施

「十二年國教」，莘莘學子仍將受升學主義的荼毒，考試領導教學的沈痾依舊存在（朱敬一，2007 年 3 月 1 日）。而原本教育會考採三等級的計分方式，旨在模糊學校間的分數界限，以達到所謂均質化的理想。但由於無法根除家長的明星學校迷思，所以在三等級外，又加上四標示，甚至在 2014 年的教育會考，不得不在部分考區公布考生成績的組距及累積人數百分比。固然教育部這些作為受到部分人士的批評，但從政策的彈性而言，為求政策的順利推動而做部分的修正，以獲得支持，亦是一不得不然的作法。

 ## 陸　結論

一、十二年國教之政策規劃係由上而下的方式進行推動

政策形成一般有由下而上及由上而下兩種方式，此二種方式各有其優缺點，但傳統以來，我國教育政策的制訂多為由上而下，而其模式為：發現問題→提出解決策略→委請學者專家進行相關研究→根據研究結果提出政策方向或形成草案→舉行公聽會或類似廣徵意見之會議→政策合法化→政策制訂。中央訂定政策後，再由有關單位宣導與執行。十二年國教政策之規劃，其方式一如往昔，亦是由教育部決定政策後，擬訂各種行動方案及執行策略，交由各地方教育行政關或高中以下各級學校實施。各執行單位實施後，再將執行過程中所發生的問題，回饋給教育部並做滾動式的修正。

如前所述，我國教育政策訂定之基本模式不可謂不周詳，但發動者仍為上級單位，即便有進行研究、公聽會等多元方式使其更加完善，但基本上仍屬由上而下之模式。亦即政策方向確定後，後續的各種措施或作為，其目的仍在使政策更具合法性與正當性。至於方針是否正確，則似乎不在考慮之列。

二、雖然延長國教年限已為全民共識，但入學方式的訴求仍存在階層差異

　　1994 年的 410 教改運動，提出廣設高中大學等四大訴求，並獲得政府的積極回應，高中（含綜合中學）及大學校院的廣設，升學之路不再是窄門。雖然高中及大學不斷的增設，但升學的壓力不增或減，其因在於國人的明星學校情結一直存在。如前所述，歷次的教育改革都希望經由入學方式的變革，降低國人對明星學校的迷思，不過其成效並不明顯。也因此十二年國教的入學方式與以往大相逕庭，不僅採計在校學習表現，而且教育會考的設計僅以精熟、基礎、待加強來表示學生的考試結果，以降低分數主義對學校教育的不良影響。如前所述，在保障學生受教權益的口號下，教育部不斷的退縮，在三等第外，加了四標示；又公布基北及高雄考區考生成績的組距及累積人數百分比等有違均質化理念的措施。之所以如此，在於部分中上階層家長擁有話語權，透過媒體與政治人物形塑輿論、製造壓力，以達到其訴求。至於中低階層的家長忙於生計，對於升學內容一知半解，當然不知如何表達。研究者曾訪問一所國中的校長及主任，也證明入學方式的訴求存在階層差異。

三、「萬般皆下品、唯有讀書高」的傳統價值觀，對政策的推動有極大的影響力

　　如前所述，由於國人深受「萬般皆下品、唯有讀書高」傳統價值觀的影響，將升學競爭的結果視為大事，而明星學校的出現就是在此種社會氛圍下形成。明星學校情結的存在，使得升學主義、分數主義、教學不正常化等現象在國中校園出現。所以為打破此種不利的局面，教育部採釜底抽薪的方式，經由入學方式的變革，來完成十二年國教適性揚才的目標。升學競爭不再採單一的入學考試（聯考）結果，改以在校學習表現與教育會考做分發的依據。而教育會考不採百分制或級分制，改以精熟、基礎、待加強來表示學生的考試結果，並模糊分數的界限。雖然教育部立意良好，但上有政策、下有對策，國中端為拉抬學生的入學成績，對於學生的在校

學習表現儘量予以高分，甚至有在學期間班長輪流做的情形。也因為如此，在最後決定學生升學的結果，又落在教育會考的成績上。所以就實際情況來說，教育部想藉由採計在校學習表現，以舒緩國中生升學壓力，以及引導學校教學正常化的目標似乎力有未逮，教育會考只不過是聯考的借屍還魂而已。簡言之，只要明星學校情結存在，傳統價值觀仍然扮演關鍵角色。

四、政府使用多元宣導策略，確有收到部分效果

雖然十二年國教政策之制訂係採由上而下之方式，但對於已高度民主化的臺灣而言，民可使由之而不可使知之的時代已經過去。教育部也希望經由政策的推動，逐漸改變家長的價值，使學校教育走向坦途。所以在政策發想之初，制定《高級中等教育法》，對入學方式、學區規劃、學費政策等加以規範。另外行政院設「十二年國教推動會」，教育部設立「十二年國教諮詢會」、「十二年國教推動小組」與「十二年國教專案辦公室」，各地方政府成立「十二年國教規劃推動小組」，由上而下，推動與協調十二年國教的實施。

此外，就未成年之學生而言，家長應是最重要之利害關係人，尤其是「十二年國教」的升學方式與以往有極大的不同，更讓部分家長憂心忡忡，因此教育部採多元宣導策略，行銷十二年國教。其方式包括：1. 邀請學者專家、中央及地方教育主管機關代表、校長、教師團體代表、家長團體代表組成宣導團，採取多元管道與方法，共同協助政策說明與溝通。2. 拍攝宣導短片，或與平面媒體合作。3. 教育部及各縣市政府均設有「十二年國教」網站，提供相關資訊及問題解惑。也因為教育部的積極作為，對於十二年國教的宣導，確實收到部分的效果。

參考文獻

一、中文部分

丘昌泰（2022）。公共政策——基礎篇（六版一刷）。臺北市：巨流。

仇佩芬（2011年10月7日）。馬英九：103年高中職學費全免。中國時報，A22版。

朱芳瑤（2010年8月30日）。教長：12年國教 101年前宣布時程。中國時報，A2版。

朱敬一（2007年3月1日）。差之毫釐失之千里——12年國教必須以「免試升學」、「學區分發」為前提。中國時報，A6版。

江昭青（2003年1月4日）。十二年國教三思而後行。中國時報，3版。

江昭青（2003年8月31日）。12年國教家長團體贊成減壓升學。中國時報，A2版。

余致力、毛壽龍、陳敦源、郭昱瑩（2008）。公共政策。臺北市：智勝。

林水波、張世賢（2006）。公共政策（四版一刷）。臺北市：五南。

林志成（2003年9月14日a）。12年國教 教育會議唱反調。中國時報，A2版。

林志成（2003年9月14日b）。不能這樣 家長團體反撲。中國時報，A2版。

林志成（2009年5月4日）。催生12年國教家長團體24日大靜坐。中國時報，A10版。

林志成（2013年6月21日）。12年國教 6成家長贊成排富。中國時報，A8版。

林秀姿（2014年8月15日）。兩派家長團體激辯 特招適性？綁架學生？聯合報，A3版。

旺旺中時民調中心（2013年6月14日）。61%支持政策 逾半挺排富。中國時報，A2版。

孟祥傑（2003年8月31日）。12年國教 98年全面實施。聯合報，A2版。

孟祥傑（2003年9月11日）。學生是教改白老鼠？七成二答「是」。**聯合報**，A12版。

許雅筑、羅暐智、錢震宇（2013年6月19日）。數小時砲聲隆隆……政院、藍團敲定學費政策12年國教排富門檻提高至148萬 家庭月收入在12.3萬以下者免學費 約14%學生無法領取補助 五年可省137億。**聯合報**，A1版。

舒緒緯（2018a）。**政策終結之研究──以高雄市試辦國中生自願就學輔導方案為例**。臺北市：華騰。

舒緒緯（2018b）。政策行銷之研究。載於吳清基主編，**教育政策與學校經營**，48-73，臺北市：五南。

舒緒緯（2019）。政策規劃探析。載於吳清基主編，**教育政策與前瞻創新**，36-59，臺北市：五南。

國立臺灣大學科學教育發展中心（2012）。**十二年國民基本教育政策發展歷程**。檢索日期：2017年7月7日，取自http://case.ntu.edu.tw/CASEDU/ wordpress/ wp-content/uploads/2012/10/%E5%8D%81%E4%BA%8C%E5% B9%B4%E5%9C%8B%E6%B0%91%E5%9F%BA%E6%9C%AC%E6%95 %99%E8%82%B2%E6%94%BF%E7%AD%96%E7%99%BC%E5%B1%95 %E6%AD%B7%E7%A8%8B.pdf

教育部（2007）。推動十二年國民基本教育說帖──國民的權利，國家的義務。**臺灣圖書館管理季刊**，**3**(3)，114-119。

教育部（2011a）。**十二年國民基本教育實施計畫**。檢索日期：2017年10月14日，取自http://www.ey.gov.tw/Upload/RelFile/27/83577/ 904b0a6c-8596-4494-a4b3-e6f8d6f64627.pdf

教育部（2011b）。**十二年國民基本教育公會手冊**。臺北市：作者。

教育部（2015）。**十二年國民基本教育實施計畫**。檢索日期：2016年10月24日。取自http://12basic.edu.tw/Detail.php?LevelNo=8

教育部（2016）。**教育部部史網站**。檢索日期：2016年11月5日。取自http:// history.moe.gov.tw/milestone.asp。

湯雅雯（2000年7月13日）。撕掉考卷 千人高喊12年國教。**聯合報**，A4

版。

楊思偉（2005）。推動十二年國民教育政策之研究。**教育研究集刊，52(2)，**
1-31。

楊毅、徐子晴（2013年6月12日）。12年國教　藍委促排富 中央埋單。**中國時報，**A2版。

楊蕙菁（1999年8月6日）。12年國教最快93年實施。**聯合報，**A6版。

鄭語謙（2013年7月1日）。12年國教妥當？8成7教師沒信心。**聯合報，**A6版。

鄭語謙（2014年5月20日）。北高分分計較十二年國教倒退嚕。**聯合報，**A3版。

鄭興弟（2003）。**政策規劃：理論與方法。**臺北市：商鼎。

聯合報民意調查中心（2000年1月16日）。十二年國教 六成九民眾支持。**聯合報，**A2版。

韓國棟（2007年3月5日）。12年國教怎麼做　1年後再說。**中國時報，**A6版。

韓國棟、吳進昌（2007年2月28日）。12年國教　基測照考。**中國時報，**A1版。

韓國棟、陳洛薇（2003年9月15日）。黃榮村：12年國教時程　3年後再說。**中國時報，**A3版。

二、英文部分

Anderson, J. E.(2003). *Public policymaking: an introduction(5ᵗʰ ed.)*. Boston：
Houghton Mifflin Company.

Bolan, R. S. & Nuttall,R.L.(1975).*Urban planning and politics*. Toronto,Canada：
Lexington Books.

Jones, C.O.(1984). *An introduction to the study of public policy*. Monterey, CA：
Brooks/Cole Publishing Company.

Mayer, R. R.(1985).*Policy and program planning: a developmental perspective*.
Englewood Cliffs, N.J.：Prentice-Hall.

Quade, E. S.(1982).*Analysis for public decision*.N.Y.:North Holland.

Sidney, M. (2007). Policy formulation:Design and tools.In F.Fisher, G. J. Miller & M. Sidney(eds.). *Handbook of public policy analysis: theory, politics, and methods,* 79-87. Boca Raton: CRC/Taylor & Francisds.

第六章

從十二年國教論後期中等
教育階段的議題教育

李真文

國立政治大學教育學博士
國立東華大學教育與潛能開發學系副教授兼系副主任

前言

　　我國自民國 103 年（2014）開始實施十二年國民基本教育（以下簡稱十二年國教），將國民接受義務教育的年限向上延長為十二年，雖不名為義務教育，但在免試入學、就近入學等多項舉措上朝類義務教育的方向努力。儘管推動初期遭遇諸多困難，但回顧十年推動以來，各項磨合也都進入軌道，漸入佳境。

　　任何教育改革都有延續性。九年一貫（以下簡稱九貫）時期，議題教育初登場，以新星之姿在臺灣的教育學術與實務上掀起了一陣風潮，儘管議題教育獲得不少成效，也稱不上重大且明顯進展，有些議題教育的活動甚至如煙火般絢麗卻難以留下痕跡。九貫時期的課程改革重點在於打破了學科框架，走向統整課程，算是替議題教育爭取了出場的機會，但推動上只靠學校或教師自己的重視程度而定，始終居於可有可無的邊陲地位。

　　當臺灣迎來了十二年國教，高中教育有了新的風貌。免試入學、就近入學、優質高中職等重要政策方案，替後期中等學校帶來重大的轉變，歷經十年，或許現在正是個契機，可以談談高中教育階段的議題教育可以有什麼樣的作為，更為符應十二年國教的精神，進而落實新課綱期盼的核心素養。

　　本文主旨在於探究與評析現今臺灣高中教育階段如何承接與轉化議題教育，其以核心素養作為課程與教學的主軸，如何真正具體且可行地實踐，以及申論高中職如何將議題教育作為其優質化的學校經營策略，進而化解其因少子化帶來的學校生存危機。本文鋪陳將從十二年國教的基本理念與精神談起，再論及議題教育可以如何彰顯核心素養的重要特質。最後再就高中職推動議題教育的可行做法提出建議，期使議題教育可以作為高中職教育特色發展的重要一環，倘能串連高等教育的通識課程，成為博雅教育的重要推手，更能提升未來社會所需的公民核心素養。

後期中等教育的理想

一、十二年國教的期待

十二年國教政策，究竟要解決教育現場的哪些問題？教育部曾預測99學年後至110學年，11年間國中畢業生數將由31萬6,630人減至19萬7,002人（教育部，2011a：4）。學生數的減少，提高了國高中學生的升學率，2010年國中畢業生的升學率為98.15%，高中畢業生的平均升學率為95.24%，不過，以國中及高中畢業生就學機會率來看，1986年後的國中生及1992年後的高中生就學機會率即破百，之後幾乎鮮少低於這個比率（教育部，2011b：35-36），意即學生可以選擇就讀學校的機會遠大於學校可以選擇學生的狀況。換言之，在臺灣接受十二年的學校教育早已不是難事！於是我們檢視十二年國教六大目標：培養現代公民素養、引導多元適性發展、確保學生學力品質、舒緩過度升學壓力、均衡城鄉教育發展、追求社會公平正義（教育部，2013），可歸結出核心目標應該是解決升學壓力，讓國中端能有正常教學，其他目標則為環繞學童就學年限延長而衍生的相關項目。

但十二年國教若只是為了解決升學壓力，似乎也不算是崇高的理想，而只是務實的教育問題解決而已。依《高級中等教育法》（民國110年5月26日）第2條所示：「……採免試入學為主，由學生依其性向、興趣及能力自願入學，並依一定條件採免學費方式辦理。」可以明瞭十二年國教亦希望讓高中生於高中階段可以不論身處城鄉，都能依其性向、興趣與能力就讀其理想的學校。平等地接受多元適性的教育，仰賴完備且公平的招生選才制度。同時為不讓學生因免試而學力下降，影響其學習與教師教學，採取諸如分組合作學習、學習共同體、差異化教學、適性教學等做法，以解決十二年國教新教育生態的現場問題，保障學生平等受教權，這些課題都是十二年國教推動的前十年，後期中等學校教育現場致力改革的重點。然而，要使學生具備現代社會公民素養，其放在十二年國教目標之首，它應是最為重要的終極理想，而議題教育便十分符合此願景目標。

二、課程學分的改革

　　目前後期中等學校類型有普通高中、綜合高中、單科高中、實驗高中、完全中學、高中附設職業類科，以及高級職業學校等，多元複雜且各有各的定位與取向，後期中等學校的教育目標雖統整於十二年國教的總體目標中，但課程相關規範仍依學校類型不同而有相當大的歧異。

　　十二年國教的高中職課程類型主要分為部定課程與校訂課程兩大類。部定課程由國家統一規劃，以養成學生的基本學力，並奠定適性發展的基礎，又分一般科目、專業科目、實習科目三種；校訂課程由學校安排，以形塑學校教育願景及強化學生適性發展，包括校訂必修課程、選修課程、團體活動時間、彈性學習時間等項。選修課程又分「加深加廣」及「多元選修」課程[1]，前者由學生依其生涯進路及興趣，自主挑選領域／科目之課程選修；後者則由各校依照學生的興趣、性向、能力與需求開設，至少提供六學分課程供學生選修。此外，團體活動包括班級活動、社團活動、學生自治活動、學生服務學習活動、週會或講座等，彈性學習時間則包含學生自主學習及學校特色活動等（教育部，2014）。顯然，課程類型變得更為多樣複雜，學校自主規劃空間變大，學生選擇性也相對增加很多。

　　再者，隨著全球化競爭與知識經濟之趨勢，大學教育的人才培育觀也從強調專精專門知識的人才培養轉而強調具備通識、跨領域能力及公民素養的全人教育觀，連帶地促使普通高中的通識教育功能，走向強化跨領域學科能力、公民素養的培養，以及如何與大學端的優質銜接等趨向（李文富，2013）。在此脈絡下，後期中等學校採學年學分制，應修習總學分數為 180-192 學分，普通型及單科型高級中等學校學生畢業之最低學分數為150 學分；技術型及綜合型高級中等學校學生畢業之最低學分數為 160 學分（教育部，2014）（見表 1）[2]。校訂必選修課程的學分數有著 44-132 的大幅空間。相較於 98 年普高課綱規範的學分，部定必修有 120 學分，選

1　另有補救性、特殊需求課程等，此暫略。
2　最低畢業學分與 98 普高課綱相同。

修有 40 學分，最低畢業學分數 160 學分，修課上限 198 學分。十二年國教的高中職課程加大了校訂必選修空間，除了給學校更多的課程自主空間，學生也有更多的選修課程可學習，其實也營造出有利議題教育推動的條件。

表 1　十二年國教後期中等學校課程類別與學分數概覽

課程類別　　　學校類型	普通型高級中等學校	技術型高級中等學校	綜合型高級中等學校	單科型高級中等學校
部定必修	118	111-136	48	48
校訂必選修	62	44-81	132	132
應修習學分數	180	180-192	180	180

三、建構取向的學習

　　長年以來，我國後期中等教育，尤其是高中教育，乃是升學導向的準備教育。在高中教育現場無一不是以考上理想大學為主要目標，因此，知識傳遞導向的課程與教學彌漫著整個教學現場。進入高中階段的考試，又主導著國中教育現場，使得教育難以正常化。盼來的十二年國教，希望能扭轉考試取向的學校學習風氣。

　　知識導向的知識在高中端之所以重要，其有三個要素：1. 學術研究需要；2. 符合社會認可的價值；3. 職涯導向優先。學術研究需要方面，是替國內學術界菁英人才進行紮根；符合社會認可的價值方面，則是「萬般皆下品，唯有讀書高」的意識型態作祟；職涯導向優先方面，則是個人未來生涯就業的專業需求，必須有較高的學歷才具備競爭力。

　　知識導向的高中教育，使得教師與學生只重視考科為主的學習，議題雖然重要，但考試並不會考，它在教學現場可能只是教師手冊裡的參考，或是教學行事曆上的活動而已，並不是教師教學重點的一環，連帶影響到學生對其重視的程度。因此，議題教育雖有亮點與賣點，但在知識導向的學習情境中，難以在學生身上增長能力。十二年國教的改革，恰恰希望將

知識導向改為問題導向的素養教學，問題導向的確需要學習者具備一定的知識量，利用已知去想方設法，選取合適工具與方法來解決問題，應用知識以創造知識。因此，具有建構主義的色彩，強調學習者個人的知識建構歷程，也唯有是自行建構的，才會穩固不易遺忘。當強調探究與實作等自主學習精神出現於十二年國教當中，正適合議題教育紮根與拓展之推動。

從議題教育建立核心素養

一、關切世界的趨勢

　　議題教育於 2001 年被納入九貫課程，由懸缺課程（null curriculum）轉為正式課程（formal curriculum），顯現課程改革順應時勢變遷所需。即使其課程地位始終邊陲，不過，吾人可以說國內轉型正義的步履亦是由議題教育最先跨出，例如：人權教育、性別平等教育；又如環境教育與海洋教育，亦突顯了臺灣未來發展的格局，不因重經濟而輕環保，不因孤島而孤立，珍視自然資源永續的議題，更與現今強調的永續發展高度關聯。

　　九貫時期，後期中等學校推動的議題教育重點與中小學頗有差異。一是名稱不同，中小學稱「重大議題」，高中名為「重要議題」，高職則標為「社會關切議題」。二是數量不同，《普通高級中學課綱》實施通則中規定：「各校應將生涯發展、生命教育、性別平等教育、法治教育、人權教育、海洋教育、環境教育、永續發展、多元文化教育及消費者保護等重要議題納入相關的課程中，並強化品德教育，以期讓學生在不同的科目脈絡中思考這些議題，以收相互啟發整合之效。」（教育部，2009a）《職業學校群科課程綱要》規定，各科目教學或活動時應融入下列社會關切議題：海洋教育、生命教育、多元文化、性別平等、人權教育、道德教育、憲政與法治、全國法規資料庫、輔導知能、情緒管理、挫折容忍、永續發展、環保教育、消費者保護、醫藥常識、職業安全衛生、災害防救等，以充實學生學習內涵，並與日常生活密切結合。相較於九貫的八個議題，高中增加了生命教育、法治教育、永續發展、多元文化教育和消費者保護等

五個議題，高職則增列了 18 個議題。不過，高中和職業學校課綱對於議題課程之處理，與國民中小學課綱相同，都強調採融入領域或學科課程的實施方式（教育部，2009b，黃嘉雄，2015 a,b）。

《十二年國教課綱總綱》中臚列了 19 項議題，性別平等、人權、環境、海洋、品德、生命、法治、科技、資訊、能源、安全、防災、家庭教育、生涯規劃、多元文化、閱讀素養、戶外教育、國際教育、原住民族教育等議題（教育部，2014）。教育部更早於十二年國教上路前一年，便於《師資職前教育課程教育專業課程科目及學分對照表實施要點》明訂「教育議題專題」乙課為師資生的必修，其表列了 25 項議題：藝術與美感教育、性別教育、人權教育、勞動教育、法治教育、生命教育、品德教育、家政教育、家庭教育、海洋教育、多元文化教育、新移民教育、原住民教育、媒體素養教育、生涯發展教育、環境教育、藥物教育、性教育、國際教育、安全與防災教育、理財教育、消費者保護教育、觀光休閒教育、另類教育、生活教育，議題數量的激增讓人眼花撩亂，顯見各式多樣的新興議題正提醒著我們世界演進之迅速。

然而議題教育的目的，不是只在於介紹各種議題發展的脈絡與相關知識而已，而應強化所學學科知識與生活及社會情境脈絡相結合，促進學生對社會公共生活議題之關心與認識，更應強調學生問題解決、科學探究與思考、反省思考、批判思考及理性決定與行動等能力的提升，並使學生體驗及培養民主社會所需的自由、平等、尊重、正義、和平、關懷和多元等核心態度與價值（黃嘉雄，2015a）。固然，議題教育數量有增無減，此並非喚醒國人重視世界趨勢的良策，然而與其抱怨教育行政負擔加重，嘗試將議題教育的目標轉化為核心素養，才能有效培養終身學習者的自主精神。

二、豐實核心素養

議題教育的訴求與十二年國教新課綱標榜的素養導向，基本上有著十分貼近的理念，學校教師可由議題切入，作為素養導向教學的重要途徑。「素養」是個體為了健全發展，因應生活情境需求所不可欠缺的知

識（knowledge）、能力或技術能力、態度（attitude）（蔡清田，2011；Rychen & Salganik, 2003）。學科知識已不是學習的唯一範疇，而應該是於「生活情境」整合運用並力行實踐（國家教育研究院課程及教學研究中心核心素養工作圈，2015）。因此關注學習與生活的結合，透過實踐力行而彰顯學習者的全人發展爲主要重點。新課綱的核心素養有三大面向：「自主行動」、「溝通互動素養」、「社會參與」，底下又各有三個項目，分別是 A1~A3「身心素質與自我精進」、「系統思考與解決問題」、「規劃執行與創新應變」；B1~B3「符號運用與溝通表達」、「科技資訊與媒體素養」、「藝術涵養與美感素養」；C1~C3「道德實踐與公民意識」、「人際關係與團隊合作」、「多元文化與國際理解」（教育部，2014）。

　　議題教育可充作落實核心素養三面九項的重要途徑，比方說，「品德教育議題」與 C1 道德實踐與公民意識，「多元文化教育」、「原住民族教育」、「國際教育議題」便與 C3 多元文化與國際理解等面向有關。「科技教育」則可與 B2 科技資訊與媒體素養連結，且因科技領域課程獨立設科而在高中職階段亦得以得落實。議題融入手冊中也於附錄列出性平、人權、環境、海洋、國際等教育的核心素養供參考（國家教育研究院，2020）。

　　再者，十二年國教強調學生爲終身學習者，因此，學習如何學會比學習什麼更爲重要。此波後期中等教育階段的改革重點，訴諸於多元學習與探究實作，讓高中職學校有發展多元特色的機會，同時也讓教師能有更多元的教學實踐，也正是因爲選修課程的多元，以及更加強調探究精神，此亦符應多數議題教育標榜的批判思考與人文關懷精神。

三、議題推廣來時路

　　議題教育於九貫時期初登場時，並不被看好（錢清泓，2001），甚至要論證議題教育存在的正當性，以確立其在九貫課程中的地位（洪玉如，2010）。自九貫以來，教育部的確投入了頗多的資源推動議題教育，有些已成常態性的計畫，如：教育部人權及公民教育中程計畫（106-110 年）、教育部性別平等推動計畫（108 至 111 年），甚至也設立各項議題的資源

專網提供各界參考，顯示政府重視議題教育的立場。

不過，議題課程於教學現場的實施，仍面臨種種困境。綜合相關研究檢討九貫時期議題教育推動時的問題，約有三大方面：1. 課綱層級：無法解決議題課程的定位，議題過多且有些存有矛盾；2. 學校層級：學校現場的升學與進度壓力，難以順利融入教學；3. 教師層級：教師的專業培訓不足、交流不足、教材欠缺等（白亦方等人，2012；李眞文，2023；張嘉育、葉興華，2010；黃嘉雄、黃永和，2011）。

黃嘉雄、黃永和（2011）早期研究亦發現，高中方面，重大議題的實施有「課程難以融入實施」、「議題資訊交流不易」及「議題知能有待充實」等困難，以致使議題內涵遭到誤解、授課內容偏離主流，或難以擔綱教學等難題出現。高職方面，重大議題實施則遭遇到某些議題與學科本身無直接相關的問題，致難以順暢融入議題教學。

現今以核心素養作爲課程發展的主軸，將議題融入各領域，是十二年國教課綱的重要特色。不同於九貫課程之處，以往各教育階段不同議題項目名稱與數量的問題獲得統一，《十二年國教課程總綱》直接明示將19項議題適切融入課程，不再設有獨立的議題課程綱要；其次，議題融入採十二年連貫設計，對應國小、國中至高級中等教育階段之相關領域課程綱要，達成十二年銜接連貫的融入。議題的融入，不僅限於正式課程，非正式課程與潛在課程均可運用，以全面性地發揮議題教育之功能（國家教育研究院，2020）。

讓議題融入課程擴充原有領域／科目之學習，對於素養導向課程之落實，有加乘之效果（國家教育研究院，2020），它既可增進學生對學科內容知識的理解，也可使學科知識的實用性突出，使學生認同知識可以替人類解決問題，而非應付考試的工具而已。因此，此波十二年國教的改革，希望在培養學生基本能力的基礎上，躍升到能將所學應用到生活情境當中，強化教師具備各項議題融入教學的能力，依舊是主調。

肆　高中職推動議題教育的策略

　　展望未來高中職對於 19 項教育議題的推動，除了採融入某領域／科目之中外，各所高中職可以依據課綱設定自己的校定必選修開設課程。學校善用課程規劃營造特色，不僅有利招生，亦能滿足學生的學習興趣，同時亦可提升學校教師的專業成長，是後期中等學校推動議題教育三贏的選擇。

一、嘗新：必選修課程中的契機

　　諸多學者以爲議題教育旨在強調培養學生：1. 認識、了解及關心生活及社會中的重要問題與議題；2. 系統思考與問題解決能力；3. 反省思考與理性決定能力；4. 批判思考與社會行動能力；5. 尊重民主核心價值及踐履參與民主的態度和能力等素養。因此，倡議未來進行議題課程之教學原則宜含括以下（黃嘉雄，2015b，32）：

　　1. 提供問題情境供學生探究

　　學習經驗乃是以學生爲主體的問題探究經驗，非以教師爲主的知識與價值傳遞經驗。

　　2. 鼓勵探究後的發表、分享與省思

　　鼓勵學生於探究後能分享探究結果，並省思與評估有關議題的各種觀點之理據及合理性。

　　3. 鼓勵蒐集、採用第一手資料進行探究

　　鼓勵教師和學生就有關議題，以直接、原始的第一手資料對問題或議題提出詮釋，減少依賴或盲從他人的既有詮釋。

　　上述的主張，其實與素養導向的教學精神契合。就如情境認知論者指出：知識與情境脈絡不可分割且相互依賴。眞正的理解須由實際的活動中，透過實際經驗加以揣摩，從情境中加以詮釋，方能達成（Brown, Collins & Duguid, 1989; Dumont, Istance, & Benavides, 2010; Lave, 1997）。素養導向的課程教學，強調「情境連結」（context-related），甚至是從「脈絡化」（contextualized）的角度再予深化。即將學習活動置於系列的問題

覺察、探究活動、解題策略意識的引發、解題策略的應用與調整，在學生和問題情境的探究互動中逐步深化理解，如此整體性的學習，讓學生樂於學習、勇於探索，從參與中深化學習，符合素養導向的思維（游自達，2019）。

目前在高中的新課綱中，有自然科學與社會領域的探究與實作課程兩大類。前者屬於必修領域課程內容，占自然科學領域部定必修學分數三分之一，由物理、化學、生物、地球科學四科採取跨科開設，強調跨領域／科目間核心概念；後者則為部定加深加廣選修課程，歷史、地理、公民與社會三學科各規劃一門兩學分「探究與實作」課程，分別為：「探究與實作：歷史學探究」、「探究與實作：地理與人文社會科學研究」、「探究與實作：公共議題與社會探究」（教育部，2018a,b），兩類探究取向課程都適合由此進行相關的議題教育。

議題教育符合跨域訴求與社會性科學議題（socio-scientific issues, SSI）趨向，其不只是引導學生尋求「問題」之解決，更強調「覺知問題、理解知識、習得技能、建立價值與實踐行動」等面向（國家教育研究院，2020；張子超，2016）。如是引導學生覺知情境、案例或現象中存在的問題，運用連結、延伸、統整或轉化等方式，將各領域的學科知能或學習重點（含「學習內容」與「學習表現」）與議題的「學習主題」、「實質內涵」進行整合，協助學生進行探究思考、辯證反思、體驗實作等學習歷程，培養學生建立價值信念及社會實踐的行動力（國家教育研究院，2020；林佳慧、劉欣宜、許碧如，2019），這些則有賴教師於必選修課視教學單元的適切性融入議題教學，嘗試融入議題教學。像是高雄海青工商的「探索海青與舊城地方走讀」，結合國立成功大學考古所的資源讓學生體驗考古實務與野外實察，讓該校學生於修畢後，對海青與左營這塊土地增加更多了解。課程操作模式符合技術型高中「社會探究與實作」內涵，成為該校必修的校本特色課程（曾敏泰，2020）。

此外，上述探究類的學習經驗，可視為素養教育的成果展現。素養導向的學習任務，最後表現的形式相當多元，諸如實體報告、照片、論文、計畫，和虛擬的展演、各式創作影音視頻等（呂秀蓮，2019，2020；呂秀

蓮、彭心儀，2021；Darling-Hammond, et al., 2003; OECD, 2019），恰可以充當學習歷程檔案內容，作為學生準備大學多元入學的重要參考資料。學習歷程檔案可以協助學生檢視自身各種能力之培養，幫助學生找到本身之優勢亮點（劉桂光，2021）。由學生平時的表現中來理解其特質適合就讀哪個科系，進而達到高中育才、大學選才的目的（李文富，2021）。因此，以必選修課來推動議題教育，不論是課程內容、學生的學習經驗與成果，不會只是額外學習負擔的負面印象，其恰可突顯學生對於互動共好社會的參與情形，也反映議題有助於素養之養成。

二、整合：學校本位課程的深耕

以課程形式推動議題教育的方式，基本有三種類型。除了前述透過必選修的個別課程來推動的「議題融入式課程」，以既有的課程結構為主，將議題的概念、觀點等整合到原本的課程中，尚有「議題主題式課程」與「議題特色課程」。前者以某議題的學習主題作為課程發展的主軸，並將相關領域的學習重點納入，將學習的內容經由延伸、統整或轉化，形成更完整的知識，並透過跨領域或科目的課程組織進行協作教學；後者則是發展學校的特色課程，以跨領域的方式，設計完整的議題單元課程，使學生接受完整的議題教育（曾銘翊、陳麗華，2011；林佳慧、劉欣宜、許碧如，2019）。

議題融入課程的推動最為主流，也最多教師採用，屬單點式的實施。採主題式課程或特色課程，乃是將點拓充為線與面的做法。坦白說，將議題教育提升為全校性整體課程的戰略規格，實屬大器但並不容易。等於將以學生生涯與學校升學導向的個人中心模式，轉換成社會公民模式，學生不會僅以要讀什麼第一志願為讀書目標，而會以解決未來哪個社會議題、承擔什麼樣的社會責任來思考就讀科系；學校也不會只以升學率取勝來對外宣傳，而是能告訴外界自己對培育未來人才有何種期許與參與的角色。在這種模式下的辦學，等於向上銜接現有大學社會責任（University Social Responsibility, USR）。

　　要將議題納為高中職學校的特色課程，或是變成學校的特色，勢必要動員更多的資源與考慮更多的要素，像是需考量其校史、內外部優勢條件、願景目標及社會需求等進而規劃課程內容或實施方案（鄭新輝、張珍瑋、賴協志，2012）。已有不少學校嘗試，例如麗山高中致力於「科學教育」，全校學生必修「研究方法」、「專題研究」課程，該校學生參加國際科展屢獲大獎。新港藝術高中強調豐厚扎實藝術的人文基礎養成，利用20%學分，規劃基礎課程、進階課程、充實課程和實作展演等四大類藝術核心課程，發展學校特色課程（林志成、鍾宜欣，2012）。

　　「特色課程」勢必採取學校本位課程發展的模式進行，它不會是學校少數分子可以獨攬，若僅依賴校長或部分教師，一旦人事更迭，難免陷入曇花一現的窘境（游振鵬、陳寶山、王逸慧，2011）。教師參與學校本位課程發展必須為其課程決定作辯護，提出理由和證據。課程決定不是由學術知識所主導，教師可視為知識生產的主體（林佩璇，2012）。不過，學校本位課程的發展也是對話的過程，畢竟教師間對於課程實施亦有不同見解，唯有對話才能化解歧見，形成多元聲音（林佩璇，2021）。目前國內教師專業社群的發展已略見成果，可以在此基礎上轉化為議題教育課程發展的基石，進而採取整全式學校課程發展（Holistic School-based Curriculum Development，簡稱 HSCD）模式塑造學校特色。此理論趨向認為學校內部與外部為一完整的系統，學生的需求隨著各種因素而轉變，彼此保持平衡與統一，學校處於「動態平衡」的狀態，以便能滿足學生的學習需求。它是一種全觀、多面向、立體性的發展模式，以有機的方式提高各部門的相互依存性。此種有機特性，既生長出學生的學習，也生長出學校文化、社區文化與社會價值（李文富、陳英叡，2023）。

　　此外，非正式課程方面也是能整體列入學校特色課程發展的面向，舉凡校內常見的運動會、遊藝會、校外參觀、社團活動、各種競賽（班內、班際、校際、區域性或全國性）、展覽會、戲劇表演、電影欣賞、童軍團、合唱團、聯課活動及社團活動、校外教學、校內外服務學習、親師互動等活動均屬於非正式課程的一部分。可分例行性與非例行性活動來實施，例行性活動規劃可採高中三年整個學習階段為著眼，再思考個別年級

或活動的個別需求；非例行性活動則指偶發事件，以校園事件或新聞時事，察覺並把握議題教育的實施時機（生命教育專業發展中心，2020）。

　　總之，高中職可以落實議題教育的彈性空間變得更大，不是為了議題而議題，也非為了招生而議題，而應該是能體認到社會變遷的世界趨勢，理解到新時代的高中職可扮演的社會責任新角色，如能好好規劃，相信會在只重升學或避免倒閉的難題中，找到一條永續重生之路。

三、配套：推動議題教育的相關建議

　　對於後期中等學校而言，議題教育一直以來並非加分項目。然而，現今因為有較大的開課空間，替議題教育爭取了實施的可行空間。因此，除了循既有的議題融入模式，採開設主題課程，甚至是特色課程的策略，為使後期中等學校未來推動議題教育更有成效，相關配套可能需要如下措施：

1. 設立議題教育中心

　　中小學推動議題教育已有些許成果，縣市亦設有各議題教育的輔導團，相形之下，後期中等學校僅有學科中心。因此，未來可以由學科中心兼辦議題教育中心的方式，或仿學科中心模式來成立專責議題教育中心，或由目前委外主責的議題教育網之大學與鄰近高中職合作的方式，建立更多適合於高中職課程教學的資源，達資源共享之目的。

　　也可以在現有十二年國教推動的基礎上來尋求議題教育推廣學校，比如先導學校、實驗學校、一些辦學績優且獲肯定的學校（教育部的教學卓越獎、校長領導卓越獎等，或民間團體認證的優質教育學校）等，都較有課程與教學創新經驗，只要有議題教育辦理與推廣的誘因，應該設立不難。

2. 提供相關研習

　　十二年國教精進教學的各類研習不斷，但對於議題教育的相關研習仍然是少數。未來除了持續推廣議題教育融入教學的各式研習或教案競賽活動等，可以再增加跨域課程設計、協同教學、議題特色課程規劃等主題，增加這方面的交流，使推動的第一線人員更明白如何進行。

同時，議題教育研習未必要單獨辦理。於各項較長時數的教育研習（如一天六至八小時或兩天研習）中，亦可穿插議題教育的研習，使議題教育成為學科／領域教學研習的一環，提高教師對議題教育的認知。

3. 補助相關經費

由於跨域合作或是地區聯盟，乃至於引進外部專家資源等，都能豐富議題課程必要的手段，但此必須要有額外的經費挹注。甚至可參採大學的做法，對於某類鼓勵性質的課程，額外給予課程費用補助，甚至可以提高鐘點費或給予工讀費等增加開設議題教育課程的誘因。教師參與議題教育研發或推廣業務，亦宜朝減授鐘點或補助交通費用等方向來鼓勵。

4. 行政減量與鬆綁

十二年國教推動以來，學校為了因應入學制度與新課綱的實施，顯然付出甚多心力。為了能爭取更多外部資源，以利新課程的推動或是提升學校學生的競爭力，各種計畫的行政作業造成相關參與的教師疲憊不堪。很多徵件計畫之審查意見往往呼籲要多加整合，但各徵件計畫亦未能整合，反而要求投件學校或縣市要整合，這些由上而下的行政若不調整，最終議題教育推動的參與也會大打折扣。

再者，高中職的開課空間呼籲宜適度鬆綁與調整高中職課綱（黃政傑，2012；劉欣宜、洪詠善，2013）。畢竟，要高中職學校將議題教育作為學校特色予以發展，不能不考慮不同類型學校的發展需求。劉欣宜、洪詠善（2013）研究指出，在發展特色課程時，部定一般科目必修學分數的調整上，較多高中認為宜減少必修五至八學分；選修學分數，較多高中則認為宜增加五至八學分數；高職則認為應調整部定專業科目，贊成以整併方式為之者最多；最後，高中與綜高多數認為將特色課程規劃在選修學分，高職則多認為應規劃在必修科目。顯見，課綱層級若不調整，亦會影響以特色課程推動議題教育的可行性。

最後，筆者必須指出，議題教育雖然重要，但毋須強迫 19 項議題同等重要，推動時由高中職各校自行考量特色發展項目加以結合，也不宜作為行政績效評鑑的指標，宜採鼓勵與推廣的心態進行，擇優獎勵並多多分享。

伍　結語

　　我國進入少子化年代，此時推出十二年國教有其重要意義。提升學生競爭力即有助學生未來就業的想法，仍主宰著教育現場，但這樣的氛圍可加以利用和轉化。當前社會趨勢，不是單純升學考試所需的競爭力而已，應該是學校要提升學生綜合性的競爭力，也就是核心素養的最終極目標。欲達到此，由議題教育來切入正屬恰當。

　　學校要有特色勢在必行，歷經了十年的調整，高中職教育進入了穩定發展階段，此刻提倡議題教育的推動正是時候。高中職學生正值對世界拋問的年紀，在此時候，議題教育可以引導其將書本世界連結到外部世界，由外於自身的世界，也不會孤立自身，而是更加擴充自身。如此，青少年的身心靈問題也不會自我糾結，而是會擁抱世界與關懷社會。

　　再者，國內諸多大學已推行大學不分系的制度，因此當學生就讀高等教育時前二年的通識教育課程，其多樣面貌也可與目前高中職的多元選修加以連結，換言之，藉由這樣的課程搭配，更能達成提升公民素養的目的。

　　十二年國教實施十年以來，後期中等教育階段的議題教育並不算取得重大進展，但本文仍樂觀看待，展望在十年來建立的基礎上，議題教育可以真正成為教育現場重視的課程改革，從學校本位課程做起，於專題與跨領域課程中紮根，在自主學習的氛圍下茁壯。

參考文獻

一、中文部分

生命教育專業發展中心（2020）。**生命教育議題融入推動手冊**。宜蘭縣：羅東高中。

白亦方、周水珍、杜美智、張惠雯（2012）。新興議題於國中小課程實施的可行性分析。**教育研究月刊，219**，10-22。

呂秀蓮（2019）。課綱為本課程設計經驗之研究：以國中教師為對象。**教育實踐與研究，32**(1)，1-32。

呂秀蓮（2020）。新課綱教材的編製與使用之新路徑：S2 素養課程的學習內容。**臺灣教育評論月刊，9**(3)，6-14。

呂秀蓮（2021）。**S2 課程設計簡介**。S2素養課程設計寒假工作坊。國立清華大學 K12 課程與研究發展中心。

呂秀蓮、彭心儀（2021.05）。素養教育的推動：論大學選才策略與教師素養課程設計能力兩大關鍵。**台灣教育研究期刊，2**(3)，17-26。

李文富（2013）。從大學的發展趨勢探析十二年國民基本教育普通高中階段的課程改革。**課程研究，8**(2)，53-75。

李文富（2021）。學習歷程檔案在十二國教高中課程與大學考招改革的意義與實踐。**中等教育，72**(2)，6-15。

李文富、陳英叡（2023）。壹、導言；貳、整全式學校課程發展。載於作者主編，**整全式學校課程發展與實務——整全式課程發展學理**（頁1-13）。初版。新北市：國家教育研究院。

李眞文（2023）。在意卻不再議——議題教育在師培機構的處境與因應。**課程與教學，26**(1)，81-104。

林志成、鍾宜欣（2012）。優質高中的挑戰與特色創新策略之研究。**學校行政，80**，178-198。

林佩璇（2012）。**學校課程行動研究——實踐取向的研究論述**。臺北：洪

葉。

林佩璇（2021）。校本？本校？錯置的學校本位課程發展。**台灣教育研究期刊，2**(2)，1-14。

林佳慧、劉欣宜、許碧如（2019）。十二年國教課綱中議題融入之實踐。**學校行政雙月刊，123**，84-98

洪玉如（2010）。九年一貫課程七大議題正當性之批判性檢視。**課程與教學，6**(2)，33-57。

國家教育研究院（2020）。**十二年國民基本教育課程綱要議題融入說明手冊**。新北市：作者。

張子超（2016）。議題教育的意義與課程融入——以環境教育為例。**教育脈動，11**，23-30。

張嘉育、葉興華（2010）。**中小學課程政策之整合研究之子計畫二：學校本位課程與重大議題探究**。國家教育研究院籌備處。

教育部（2011a）。**高級中等教育階段學生人數預測分析報告**（100-110學年度）。臺北市：教育部。

教育部（2011b）。**中華民國教育統計**（2011年版）。臺北市：教育部。

教育部（2013）。**十二年國民基本教育實施計畫：基本內涵**。取自 http://12basic.edu.tw/Detail.php?LevelNo=44

教育部（2014）。**十二年國民基本教育課程綱要總綱**。

教育部（2018a）。**十二年國民基本教育課程綱要國民中小學暨普通型高級中等學校——自然科學領域**。

教育部（2018b）。**十二年國民基本教育課程綱要國民中小學暨普通型高級中等學校——社會領域**。

曾敏泰（2020）。校園就是田野現場：「探索海青與舊城地方走讀」特色課程介紹。**高雄文獻，10**(2)，150-163。

曾銘翊、陳麗華（2011）。多元文化取向「認識新住民」之課程大綱建構。**教育研究與發展，13**(2)，1 34。

游自達（2019）。素養導向教學的實踐：深化學習的開展。**臺灣教育評論月刊，8**(10)，6-12。

游振鵬、陳寶山、王逸慧（2011）。學校本位課程發展停滯原因之探究——以一所曾獲教學特優獎之國中為例。**學校行政，76**，129-146。

黃政傑（2012）。十二年國教變局下的課程改革展望，載於作者主編，十二**年國教課程教學改革——理念與方向的期許**（1-22）。臺北市：五南。

黃嘉雄（2015 a）。再思考議題課程的性質：十二年國民基本教育新課程規劃之重要課題。**教育研究月刊，250**，18-31。

黃嘉雄（2015 b）。**中小學議題課程目的與性質之探究**。科技部專題計畫成果報告，計畫編號：MOST 103-2410-H-218-010-

黃嘉雄、黃永和（2011）。**新興及重大議題課程發展方向之研究整合型計畫**。教育部國家教育研究專題研究成果報告（編號：NAER-97-05-A-2-06-00-2-25）。

劉欣宜、洪詠善（2013）。高中職學校發展特色課程之課綱問題分析。**課程研究，8**(2)，1-22。

劉桂光（2021）。學習歷程檔案的理解與實踐。**中等教育，72**(2)，103-111。

蔡清田（2011）。課程改革中的核心素養之功能。**教育科學期刊，10**(1)，203-217。

鄭新輝、張珍瑋、賴協志（2012）。十二年國民基本教育入學方式——高中**高職及五專特色招生之研究——兼論與創新教育、人才培育之關聯**。教育部委託研究報告。

錢清泓（2001）。有地無位、有名無實？：九年一貫重大議題課程實施困境之探討。**國教學報，13**，1-17。

二、英文部分

Brown, J. S., Collins, A., & Duguid, P. (1989). Situated cognition and the culture of learning. *Educational Researcher, 18*(1), 32-42.

Darling-Hammond, L., Flook, L., Cook-Harvey, C., Barron, B., & Osher, D. (2020). Implications for educational practice of the science of learning and development. *Applied Developmental Science, 24*(2), 97-140. Retrieved from doi:10.1080/10888691.

Dumont, H., Istance, D. & Benavides, F. (eds.) (2010). *The nature of learning: Using research to inspire practice*. Paris, France: Center for Education Research and Innovation.

Lave, J. (1997). The Culture of acquisition and the practice of understanding. In D. Kirshner & J. A. Whitson (eds.), *Situated cognition: Social, semiotic, and psychological perspectives* (pp. 17-35). Mahwah, NJ: Lawrence Erlbaum Associates.

OECD. (2019). *OECD future of education and skills 2030: Conceptual learning framework*. Retrieved from https://www.oecd.org/education/2030-project/ teaching-and-learning/learning/skills/Skills_for_2030.pdf

Rychen D. S. & Salganik, L. H. (2000). A Contribution of the OECD Program Definition and Selection of Competencies: Theoretical and Conceptual Foundations. Definition and Selection of Key Competencies. INES GENERAL ASSEMBLY 2000.

第七章

中國大陸義務教育課程改革對十二年國教素養導向教學的啟示

何俊青

國立高雄師範大學教育研究所博士
國立臺東大學教育學系教授

前言

　　很多國際組織及國家很早就對「核心素養」進行研究，自 90 年代起，「核心素養」就是聯合國、日本、美國、新加坡、歐盟等國家組織所關注的議題。1996 年，聯合國教科文組織國際二十一世紀教育委員會公布「教育－財富蘊藏其中」就提出了類似核心素養的體系：學會認知、學會做事、學會共處、學會做人（核心素養研究課題組，2016）；經濟合作與開發組織（OECD）自 1997 至 2005 年進行為期近九年的素養研究；2002 年歐盟理事會首次對核心素養進行了概念界定。2004 年聯合國教科文組織在「發展教育的核心素養：來自一些國際和國家的經驗和教訓」中，明確提出了核心素養是使每個人過自己想要的生活和實現社會良好運行須具備者，各國相繼提出「核心素養」概念並基於此展開了新一輪的教育改革，核心素養成為國際教育研究的焦點（安富海、徐豔霞，2018）。

　　中國教育部在 2014 年印發「關於全面深化課程改革落實立德樹人根本任務的意見」中提出「教育部將組織研究提出各學段學生發展核心素養體系，明確學生應具備的適應終身發展和社會發展需要的必備品格和關鍵能力」，首次把「立德樹人」這一教育的根本任務具體化為「核心素養」（中國教育部，2014），核心素養理念迅速成為教育改革的重要理論視角（楊志成，2017）。

　　20 世紀 80 年代末，中國學界曾提出「素質教育」的概念，「素質教育」是針對「應試教育」所提出來的，旨在改變過分強調「智育唯一、分數至上」的弊病，素養教育與素質教育的差別，如依崔允漷等（2022）的觀點，素質教育重在轉變教育目標的指向，從單純強調應試應考轉向更加關注培養全面健康發展的人，而核心素養是對素質教育內涵的具體闡述，可以使素質教育目標更加清晰，內涵更加豐富，也更加具有指導性和可操作性。

　　中國教育部在 2016 年委託北京師範大學林崇德帶領多所大學近百名教授進行「我國基礎教育和高等教育階段學生核心素養總體框架研究」，後推出「中國學生發展核心素養」研究報告，成果以培養「全面發展的

人」爲核心，將學生核心素養的概念界定爲：「學生應具備的適應終身發展和社會發展需要的必備品格和關鍵能力」（林崇德，2017），受核心素養研究的影響，2022 年 3 月中國新版「義務教育課程方案」頒布，指出義務教育課程應該遵循的基本原則是：「堅持全面發展，育人爲本；面向全體學生，因材施教；聚焦核心素養，面向未來；加強課程綜合，注重關聯；變革育人方式，突出實踐」，中國的義務教育課程革新迎來了新的挑戰（陳明慧、符太勝，2023）。

臺灣早在 2007 年，陳伯璋、張新仁、蔡清田、潘慧玲在「全方位的國民核心素養之教育研究」中就指出，「素養」是個人爲了發展成爲一個健全個體，必須透過教育學習而獲得因應社會複雜生活情境需求所不可欠缺的「知識」、「能力」與「態度」（陳伯璋、張新仁、蔡清田、潘慧玲，2007）；教育部在 2014 年 2 月發布《十二年國民基本教育課程發展指引》，以「核心素養」作爲十二年國民基本教育課程核心，同年 11 月公布《十二年國民基本教育課程綱要總綱》，本於全人教育精神，強調以「自主行動」、「溝通互動」、「社會參與」三大面向，三大面向再細分爲九大項目，以「成就每一個孩子，適性揚才，終身學習」爲願景，結合「核心素養」進行各學校教育階段課程的連貫與統整（教育部，2014）。並自 108 學年度起，由國民小學、國民中學及高級中等學校一年級起逐年實施。

本文分析「中國學生發展核心素養」與「2022 年版義務教育課程方案」的內容與實施後的影響，並據此提出對臺灣實施十二年國教素養導向教學的啟示。文獻搜尋主要是利用「中國國家圖書館」（http://www.nlc.cn/dsb_zyyfw/qk/qkzyk/）的「國家哲學社會科學學術期刊數據庫」（http://www.nssd.cn/），以「核心素養」或「義務教育課程方案」爲關鍵字蒐集相關的政策文獻；研究者同時也以 Wechat 語音訪談四位中國大陸教科院的教授與十二位中小學教師，其中大多是研究者熟識，曾以學者或陸生身分來臺交流或考察者。訪談時間分布在 2023 年 2 月 1 日至 2023 年 6 月 24 日，訪談內容資料編碼，分別依訪談對象、方法、頁數、行數予以編碼再進行分析。

「中國學生發展核心素養」的內容

「中國學生發展核心素養」的提出背景，主要是想改變中國社會存在的「學科本位」和「知識本位」現象，以幫助學生明確未來的發展方向。「學生發展核心素養」核心指學生適應終身發展和社會發展需要的必備品格和關鍵能力，是以「全面發展的人」為核心，框架由文化基礎、自主發展和社會參與三大領域塑造「全人教育」，三大領域的綜合表現形成中國學生發展的六大核心素養（吳清山，2017），具體包括九大素養、廿三個基本要點、七十個關鍵表現，以下研究者整理林崇德（2016; 2017）對三大領域的說明簡述如下：

一、文化基礎

文化基礎重在強調能習得人文、科學等各領域的知識和技能，掌握和運用人類優秀智慧成果，涵養內在精神，發展成為有寬厚文化基礎、有更高精神追求的人。文化基礎包含了「人文底蘊」和「科學精神」兩大素養。

㈠人文底蘊

學生在學習和運用知識技能中形成的基本能力、情感態度和價值取向。具體包括了「人文積澱」、「人文情懷」和「審美情趣」等基本要點。

㈡科學精神

學生在學習和運用中形成的價值標準、思維方式和行為表現。具體包括了「理性思維」、「批判質疑」、「勇於探究」等基本要點。

二、自主發展

自主發展的目的是讓學生能夠有效地應對複雜多變的環境，最終成為一個有明確人生方向、有生活品質的人。自主發展包含「學會學習」和「健康發展」兩大素養，主要強調了學生有效管理自己的學習和生活、認識和發現自我價值、發掘自身潛力的能力。

㈠學會學習

指的是在學習中形成學習意識、學習方式方法、學習進程評估調控等方面的綜合表現。具體包括了「樂學善學」、「勤於反思」、「資訊意識」等基本要點。

㈡健康生活

主要是在認識自我、發展身心、規劃人生等方面的綜合表現。具體包括「珍愛生命」、「健全人格」、「自我管理」等基本要點。

三、社會參與

社會參與的目的是讓學生成為有理想信念、敢於擔當的人。處理好自我與社會的關係，培養社會責任感、道德準則和行為規範，提升實踐和創新的能力，實現個人價值的同時，推動社會發展進步。社會參與包含「責任擔當」和「實踐創新」兩大素養。

㈠責任擔當

主要是學生在與世界相處中形成的情感態度、價值取向和行為方式。具體包括了「社會責任」、「國家認同」、「國際理解」等基本要點。

㈡實踐創新

主要是學生在日常活動、問題解決、適應挑戰等方面所形成的實踐能力、創新意識和行為表現。具體包括了「勞動意識」、「問題解決」、「技術應用」等基本要點。

 「義務教育課程方案和課程標準（2022年版）」的內容

中國教育部此次義務教育課程修訂的主要思路，一是強調素養導向，注重培育學生終身發展和適應社會發展所需要的核心素養，特別是真實情境中解決問題的能力；二是優化課程內容組織形式，跳出學科知識羅列

的窠臼，按照學生學習邏輯組織呈現課程內容，加強與學生經驗、現實生活、社會實踐的聯絡；三是突出實踐育人，強化課程與生產勞動、社會實踐的結合，強調知行合一（中華人民共和國教育部，2022a；2022b；2022c），研究者整理中國教育部網站資訊簡述如下：

一、目標

從原有的「有理想、有道德、有文化、有紀律」的新人，明確改爲培養「有理想、有本領、有擔當」的德、智、體、美、勞全面發展的社會主義建設者和接班人。

二、基本原則

新增五大原則，包括：

㈠ 堅持全面發展，育人爲本，堅持德育、智育、體育、美育、勞動教育，「五育」並舉。

㈡ 面向全體學生，因材施教，因地區、學校、學生之間的差異，注重課程的選擇性和適宜性。

㈢ 強調素養導向，注重培育學生終身發展和適應社會發展所需要的核心素養。

㈣ 優化課程內容組織，加強與學生經驗、現實生活、社會實踐的聯繫。

㈤ 突出實踐育人，強化課程與生產勞動、社會實踐的結合，強調知行合一。

三、課程設置

㈠課程類別

義務教育課程包括國家課程、地方課程和校本課程三類。地方課程不得超過九年總課時的 3%。

㈡科目設置

義務教育課程九年一貫設置，國家課程設置道德與法治、語文、數學、外語（英語、日語、俄語）、歷史、地理、科學、物理、化學、生物學、資訊科技、體育與健康、藝術、勞動、綜合實踐活動等，有關科目開設要求說明如下：

1. 減少科目，將小學品德與生活、品德與社會和初中思想品德，整合為「道德與法治」。

2. 歷史、地理在初中階段開設。

3. 小學階段開設英語，起始年級為三年級；初中開設外語，可在英語、日語、俄語等語種中任選一種。

4. 科學提前至一年級開設，初中選擇分科開設物理、化學、生物學。

5. 勞動、資訊科技從綜合實踐活動課程中獨立出來設置。

6. 藝術在一至九年級開設，一至二年級包括唱遊、音樂、造型、美術；三至七年級以音樂、美術為主，融入舞蹈、戲劇、影視等相關內容。

7. 綜合實踐活動提前至一年級，側重跨學科研究性學習、社會實踐，一至九年級開展班團隊活動。

8. 地方課程由省級教育行政部門規劃設置，原則上在部分年級開設，校本課程由學校按規定設置。

9. 專題教育以滲透為主，融合到相關科目中，原則上不獨立設課。

㈢教學時間

1. 每學年共 39 週。一至八年級新授課時間 35 週，複習考時間 2 週，學校機動時間2週；學校機動時間可用於集中安排勞動、科技文體活動等。

2. 一至二年級每週 26 課時，三至六年級每週 30 課時，七至九年級每週 34 課時。小學每課時按 40 分鐘計算，初中每課時按 45 分鐘計算。

3. 書法在三至六年級語文中每週安排 1 課時。

4. 勞動、綜合實踐活動每週不少於 1 課時；班團隊活動原則上每週不少於 1 課時。

5. 地方課程不超過九年總課時的 3%；勞動、綜合實踐、班團隊、地

方課程與校本課程課時可統籌使用。

6. 打通與 15：30 課後服務後的關係，因地制宜，激發活力。

四、課程實施

㈠ 深化教學改革

堅持素養導向、強化學科實踐、推進綜合學習、落實因材施教。

㈡ 改進教育評價

更新教育評價觀念、創新評價方式方法、提升考試評價品質。

㈢ 強化專業支持

加強培訓，強化教研、科研的專業支撐，提出具體要求。

㈣ 健全實施機制

明確省級教育行政部門和學校課程實施職責，強化監測與督導要求。

五、其他

在 16 個學科中，語文課時占比最高，其次是數學，分別占比 20%-22% 和 13%-15%，體育學科地位明顯上升，僅次於語文和數學，也更加注重外語課程。

 ## 中國義務教育課程改革政策的表現與問題

綜合相關研究文獻與訪談結果，分析中國義務教育課程改革政策的表現與問題。

一、核心素養解讀的眾聲喧嘩

中國大陸學者界定「素養」的產生和內涵大都參考西方學界的界定，通過釐清 OECD、歐盟或美國對於 competency、skill、literacy 或 competency 的理解來闡發「素養」的意義（趙偉黎、孫彩平，2017），如「有人借用愛因斯坦的話，素養就是忘記了在學校所學的一切之後剩下的東西」（崔允漷，2016）。

又如褚宏啟（2016）分析核心素養的概念與本質，提出核心素養是「關鍵素養」不是「全面素養」，要反映「個體需求」更要反映「社會需要」，是「高級素養」，不是「低級素養」也不是「基礎素養」，要反映「全球化」的要求，更要體現「本土性」的要求；以林崇德教授為首的專家團隊經過長期的研究得出的是：「學生發展核心素養是指學生應具備的、能夠適應終身發展和社會發展需要的必備品格和關鍵能力」（核心素養研究課題組，2016）。

查找中國當前的課程革新研究，多數論文言必稱素養，論文主題全聚焦核心素養。如一位訪談者所謂：「2016 年發布核心素養後，全國持續了好幾年的核心素養運動」（UM-I-0128-0203）。許多研究，包括各種階段，如高等教育人才的核心素養（羅燕、劉惠琴，2022）、大學生核心素養（時勘、宋旭東、周薇、莊紫祺，2022）、高中學生核心素養（王曉春，2023）、青年學生核心素養（劉霞、胡清芬、劉豔等，2016）、師範生核心素養（崔寶華、周常穩，2023）；各種專業，如地理學科核心素養（張啟勳，2023）、生物學核心素養（李超英，2023）、英語核心素養（林美，2020）、數學核心素養（王寬明、王應剛、劉朝海、周洪明，2021），各種核心素養研究如雨後春筍般紛紛出現。

二、核心素養再劃分為學科核心素養造成矛盾

中國「義務教育課程方案（2022 年版）」中提出「基於核心素養發展要求，遴選重要觀念、主題內容和基礎知識，設計課程內容」（中華人民共和國教育部，2022），值得吾人思考的是：學科知識到底是學科素養的載體？還是學科素養形成的途徑？還是既不是載體也不是途徑？還是不是學科知識也不是學科活動（余文森，2017），當前中國依載體區分核心素養為學科素養是否有道理？當前大多數國際組織和世界各國所提出的核

心素養主要是由跨學科素養所構成，其中最典型的就是創造性、批判性思維、溝通交流和團隊協作等，一般的認知「核心素養」指向人，「學科核心素養」指向學科，核心素養在教育過程中是宏觀指導的角色，本身即具有跨學科性，不是與學科一一對應的，它是面向所有學科的，因此從各學科再發展出該學科本身的核心素養，把核心素養分解到各學科，可能有邏輯上的問題。

此外，學生發展核心素養與學科核心素養之間、各學科核心素養之間的關聯性沒有進行充分的討論，實踐層面上，中國學生發展核心素養體系和學科核心素養的研發是同時分頭進行的，兩者之間缺乏應有的溝通與交流（安富海、徐豔霞，2018）。研究者與二位教授的訪談，亦有類似的看法：「某大學的 C 教授，研究完核心素養就退休了，跟各個學科核心素養團隊完全沒溝通，各搞各的……」（UD-I-1532-1587）、「教育主管部門對其認知就是不足的……如核心素養可分解至各學科，那是否也可再分解成高中生英語科的核心素養、初中生英語科的核心素養、沒完沒了……甚至各個學校制定自己的核心素養呢！」（UG-I-0311-0424）。

各個學科都在提出自己本學科的核心素養，學生發展核心素養和學科素養是並行開展的，這可能會造成學科和學科之間的分離（崔允漷等，2022），這既不符合現在國際上學科之間融合滲透的趨勢，也在客觀上將學生發展核心素養變成抽象的言詞，而非撬動課程改革深化的槓桿（辛濤，2016），可能與核心素養的文化基礎、自主發展和社會參與三大面向愈離愈遠。

三、核心素養在實踐上偏重文化基礎

當前三大核心素養在「文化基礎」上有許多革新，亦即許多學校幾乎都集中在「人文底蘊」和「科學精神」上做深化或創新，在「自主發展」與「社會參與」的改變不明顯，有三位訪談者都提及此現象：

　　「文化基礎上，有些學校依據核心素養開發開設課程群，用學校或地區特色來滲透多門學科。例如：浙江有學校就以涇

地課程構建特色選修課程群，將化學、生物、美術、歷史、語文、外語等多門課程進行整合，體現了學生發展的多樣性需求……但自主發展與社會參與的表現還非常弱。」

（UZ-D-0268-0342）

「學校在中小學學生核心素養發展的課程設計方面，幾乎都停留在人文或科學特長培訓層面，不過還是有個別學校自主研發校本課程，提升學生核心素養，教學實踐中部分學校都會有人文或科學素養培養的意識，但是還做得不夠好。」（UB-I-0359-0468）

「核心素養三大領域確實落實的還很差。可能主要還是文化基礎方面落實的好一點。雖然有很多學校有一些自主發展的概念，比如學校推動學生自主管理學校公共事務，但學生自主發展方面因為受學校安全管理的限制，學生幾乎沒有自主發展的可能性。即使教學中有自主學習探究板塊，但是離自主發展的內涵還有很大差距。」（UL-I-0125-0258）

四、小學階段的社會實踐是最大改變

早年中國教育部在 2001 年頒布的《基礎教育課程改革綱要（試行）》中，就提出要在小學至高中階段設置綜合實踐活動並作為必修課程。在綜合實踐活動課程中，強調學生通過實踐，增強探究和創新意識、學習科學研究的方法、發展綜合運用知識的能力，以解決真實生活中的問題（中華人民共和國教育部，2001）。中國大陸義務教育實施課程改革之後，課堂教學更加關注綜合化，課程實踐更關注學生學習體驗與動手實踐；訪談中，許多教師告知研究者，小學階段社會實踐是重要改變，如一位貴州的小學教師說：「社會實踐方面主要是主要是開設勞動實踐基地與非遺進校

園，如武術操、足球操、霸王鞭、剪紙、書法等」（K-I-0355-1364）；另一位西安市的農村小學教師提到：

　　「作爲一名鄉村小學教師，個人感覺這幾年學校增加了一些活動，比如課外閱讀方面，每個月都有《讀書分享會》；新增了勞動實踐課程，學生在學校進行種植、採摘等活動；還有一些課外活動，邀請一些民間藝人來給學生上一些地方特色的手工、藝術表演等課程……教學實踐過程中，我們將教學內容做調整，注重學生的問題意識，提升學生的探究素養。尤其是專案式學習需要學生有社會參與與學科基礎，目前看起來核心素養有在努力落地。」（UC-I-1128-1193）

另一位南京的教師則稱：

　　「學校更加重視學生的綜合實踐能力，這一點在語文上表現爲口語交際等實踐板塊更受重視，而近年來對勞動教育和綜合實踐活動的重視也是這方面的體現；……比如，政治學科既要有社會實踐，又要有活動課程，知識性內容的教學可以設計成活動來實施，通過社會調查和訪談、問題探究和辯論等，在活動中學習和思索、認知和行動。」（UD-I-1532-1587）

五、城鄉在核心素養教育的實踐落差大

　　知識源於生活實踐，並不是資訊堆砌，大多的學習實際上是情境性的，通過共同參與具體的社會實踐活動進行。目前培養學生的「文化基礎」、「自主發展」與「社會參與」具有重要支撐作用的資源，如科技館、博物館、體育館、美術館、圖書館、音樂廳等，基本上都是聚集於城市，尤其是大都會區，因此對許多學校來說，缺乏實踐的場域也是阻礙核

心素養培育的原因。雖然中國教育領域外有許多政策也在推動素養導向的學習，如 2015 年 6 月中國國務院發布「關於大力推進大眾創業萬眾創新若干政策措施的意見」，許多學校和校外機構因此設置了創客課程，爲學生提升核心素養提供了環境。

核心素養教育的實施還是顯現了城鄉的巨大差距，核心素養在城鄉學校中的差異主要源於學生的家庭背景，依布迪厄（Pierre Bourdieu）的社會資本理論，不同家庭出身的學生會塑造他們不同的慣習，於是學生在進入學校場域後，面對菁英體系的培養和選拔機制時，就會表現出差異性。

但鄉村學校並未或很少提供能讓學生「自主發展」與「社會參與」的場域。如一位鄉村教師就說：「實踐創新，孩子不是說沒有能力，而是缺少讓他們去鍛煉的機會……鄉村小學初中能讓學生參與的活動很少，學校應該要開放而非封閉，但在鄉村即使有圖書館或博物館，有時並未對學生開放」（UB-I-2878-2899）。大都市較能實踐素養導向的教學，如一位北京的中學教師：

> 「本校與博物館合作引進了 STEAM 未來創新教育課程，突出 STEAM 的跨學科特色，利用 PBL 教學模式，引導學生應用知識解決生活中的實際問題，也引入大英百科等資源……鄉村地區的家長重課業，只有都市地區，像北京、上海、蘇州、南京等地方好的學校的家長，讓孩子的活動豐富，重體育、藝術。」（UK-D-0923-1007）

另一位在常州，本身有教育碩士學歷的小學老師說：「整體而言，各地各校都行動起來了，但仍舊呈現發達城市和地區落實的面廣且深，而一些二、三線城市則改革的幅度沒有那麼大。通常愈進步地區的改革幅度和力度愈大」（UC-D-0532-0632）。一位鄉村小學老師也說：「作爲我們縣城小地方的教育和教學，在 2021 版新課標落實方面相對還是比較滯後一些……，我所在的地方，家長認知比較有限，文化程度低的父母可能這方面的想法比較淡薄」（UL-I-0425-0503）。

六、教師多肯定素養教學的理念，但可能專業不足

在中國，許多教師都是從「雙基教育」走出來的，「雙基教育」係指重視「基本知識」的理解記憶與「基本技能」的熟練掌握與應用的教育。但在訪談中發現，絕大多數教師對核心素養教育表示了解與認同，認為核心素養概括了學生全面發展的目標。如以下二位教師表達：

> 「新的課程標準，就學習而言更加強調學習任務群的建設，課程內容較以前更加有層次性；對提升學生對知識的作用融合能力有所幫助，學生更加關注社會發展……發布後，教學研究指導、評價等都有相應的改變，起到指揮棒的作用。」（K-D-1821-3321）

> 「學生角度來講，學生學習的多樣性更多，而且學習興趣更濃厚。社會角度來講，學生與社會的聯繫更緊密，未來社會適應性會增強。教師角度來講，教學形式多樣化，評價多樣化，教師教學壓力減小。就國家層面而言，未來培養出的這批小公民更有自主意識與創新思維。」（J-I-0405-3582）

一般老師對於新課綱的推出也是很重視，不論是平時的教研活動或是教學比賽都會主動研究新課綱，如：「一些研究者特別是專業化程度較高的教師也嘗試在自己的學生推動教育實踐，帶來了課程開發、設計以及學校文化活動的新變化……在實踐的學校裡，一些學生的興趣、愛好得以拓展，知識面更寬，與社會聯繫更緊密」（L-I-1004-2145）；又如：「教師慢慢觀念有所改變，不會惟分數或只關注升學率。學校氛圍輕鬆，老師在引導學生時也能兼顧一些東西，學生也很有積極性」（I-I-0611-0932）。

一般教師多有改變的意願，但專業可能不足而遭遇挑戰。如一位小學教師所言：「以上改變在實踐中遇到困難，教師需要更多的知識儲備與積累，而且教學的內容愈來愈靈活，愈來愈生活化，一定程度上，需要教

師學科互通，對教師的學科素養、知識儲備等有了要求，老師們要終身學習，做生活的有心人，對年齡大的老師來講，挑戰比較大……許多老師本身就是傳統應試教育長大的，本身並不具備能培養孩子素養的能力」（UI-I-0611-0632）。

七、小學開始重視形成性評量，中學的改革有限

傳統中國教育過程中對學生的評鑑主要以紙筆測驗爲主，側重知識的記憶，不重視學生的學習方法和過程，此次課程改革開始重視素養導向教學之後，傳統的教學模式、學習方法、課程結構、課程內容、課程實施、課程評鑑及課程管理其實都有若干些許的改變，雖然離完全從教師傳授知識向學生主動學習還有一大段距離。經由訪談老師之後發現，小學已經開始注重形成性評量（過程性評價），如教師 G 所言：「教學評價更多地強調過程性評價和終結性評價相結合，學校不對外公布學生的學習成績」（G-I-0117-1098）。小學教師 I、H 與 J 也說：「教學評價中，我們做的轉換是，注重過程性評價，弱化總結性評價」（I-I-0218-2119）；「對於教師上課的評價標準，會基於核心素養。對於學生的學習評價，比如試題，也有調整」（H-I-0428-1009）；「比較權威的高考也做了改變，學生可以自主組合學科，每門課程都有好幾次學考，以最優成績作爲錄取標準，弱化了一考定終身……以位於海澱區的本校爲例，每天給學生布置的數學作業不能超過 7 題，這意味著每一道題都是全校教師教研後，共同苦思冥想出來的」（J-I-0311-1024）。

但中學以上仍是無太大改變，如教師 U、K 與 G 提到：「評價方面會涉及到學生核心素養的評價，但是很粗糙，不夠具體，很難落實。……中學看不出有改變，一般教育評價方面主要是教學視導、教育局學期綜合考核、教學品質抽測等常規評價。……但中學以上教育評價還是以文化基礎爲主，分數考核是擺擺樣子，因爲分數是硬的」（U-I-1532-1587）。

　　「在總評價指標不變的情況下，很多時候，學生的成績還是社會大眾關注的焦點，教師在落實的時候有些難度。……落實的過程中浮於表面，勞民傷財，許多老師沒有真正去理解素養的內涵和精神。就我們這個地區（揚州）而言，困難其實挺大，主要是高考成績在省內排名有所下降，追求分數和成績者日增。」（K-I-0355-1364）

　　「核心素養落實最大的困難是在評價，因為現在教師和學校的評價主要還是和學科考試成績進行綁定的，而落實核心素養，往往是需要去超越學科的。」（G-I-0310-1245）

八、考試命題仍停留在紙筆測驗，家長選擇學業優先

　　如一位中學教師所言：「從家長角度而言，家長既關心孩子的學業，也關心孩子的全面發展。如果選其一，我想還是學業優先」（B-I-2878-2899）；另一位教師則說：「其實因為中高考的方式沒有變，所以說實施素養教育其實就是一句空話」（H-I-1628-2744）。

　　崔允漷（2023）認為，中國當前已開始有許多考試由「考知識」向「考能力」轉變，考題命題基於情境、點多面廣，以情境的方式進行知識整合，使知識植根於情境。但研究者訪談許多教師發現，跨學科素養的評價其實沒有被納入到主流評價體系中，入學評量與情感、態度和價值觀的關係無關。如：「上海等級考（新高考改革後選考科目）兩次模擬考選擇題都是單選，等級考突然有了多選，也出現了開放探究性問題，……但高考是不看綜合評價的，簡單的說，根本沒人在審查有沒問題，學校只在意考上北大、清華幾個，就算學校拿掉了也沒人在意，就是沒人管，算是一種潛規則」；又如：「教師如果弱化學科文化內容的評價，使得家長看不到孩子的具體分數，部分家長會很焦慮，就會盲目刷題，給學生增添學業負擔……家長只關心生存和對社會有用，完全不會關心教育對個體的品德素養」（F-I-0423-0451）。

從核心素養的指標來看，人文情懷、審美情趣、批判思維、探究精神、健全人格、自我管理、社會責任等都是沒有涉及的內容，評量方式停留在紙筆測試，高中階段雖然增加綜合測評，但是無足輕重（夏永庚、彭波、賀曉珍，2018）。

伍 中國義務教育課程改革政策的啟示（代結語）

中國所有的政策都會提及馬克思主義、習近平總書記或民族復興等，通常也強調這是有別於其他國際組織和國家之處，在此不探討此類意識型態問題，僅討論中國此次義務教育課程改革中，素養導向教學政策對我國臺灣的啟示。

一、應以人為本進行跨領域教學，推動核心素養

從中國推動核心素養的經驗發現，當核心素養再依學科劃分為學科核心素養時，恐易與原本核心素養所強調的「全人教育」理念相衝突。研究者分析中國大陸新版的義務教育課程標準發現最直接的改變就是跨學科教學，新增突顯學生綜合素養的內容，一線教師也開始重視跨領域的大單元教學和專案式教學。但中國仍有教師表面上號稱是素養教學，實質上仍是學科本位，這種情形在臺灣也不少見，臺灣就有補教業者看準家長焦慮與學生迷惘，紛紛開設核心素養課程，其實開設的還是學科本位課程。

古有明訓：「君子務本，本立而道生」，核心素養指向人本身，指向「培養怎樣的人」，需要破除「知識本位」的育人取向，使「兒童本位」成為最重要的價值。當面對統一的核心素養體系必須培養個性化的學生，其中個人為適應現在生活、面對未來挑戰，應具備的知識、能力、態度，即核心素養的形成是一項綜合性工程，是跨學科的，不是各學科的任務分解，不可能從各個獨立的學科獲得。核心素養的培養必須以情境為依託，需要整合相關領域的各學科知識、觀念、技能與思維方式，提升學生核心素養至更高水準。

二、重視文化在核心素養各層面實踐所發揮的作用

中國的核心素養分爲文化基礎、自主發展和社會參與三個領域，其中文化基礎就包括語言、數學、科學、審美等。依趙偉黎、孫彩平（2017）的轉述：「核心素養研究專家小組強調本次素養研究不僅借鑒了國際組織的最新研究成果，還開展了傳統文化分析，揭示中華優秀傳統文化中修身成德的思想和傳統教育對人才培養的要求」、「強化民族性，強調中華優秀傳統文化的傳承與發展，把核心素養研究植根於中華民族的文化歷史土壤。」中國大陸在追逐教育全球化的同時，力圖挖掘中國教育的本土人文理性。

文化是一個民族賴以生存和發展的精神支柱，沒有文化的民族是沒有靈魂的（施久銘，2019）。中西文化確有差異，中國哲學重人文道理，西方哲學重自然眞理（劉慶昌，2017），研究者認爲：「君子務本，本立而道生」，中國大陸的「人文積澱」要求認識古今人文領域的基本知識和成果，其核心素養在實踐上偏重文化基礎，從中國優秀傳統文化中挖掘核心素養促進學生的發展方向，基本上是正確的。

臺灣對核心素養的界定包含自主行動、溝通互動、社會參與三個面向，基本上是抽離文化、重視個人而與西方一致或接軌的。然而，教育在發展過程中有其歷史傳承與經驗教訓，課程變遷有其持續性和漸進性，臺灣目前對華人的傳統文化關注較少，如孔子的「仁」、孟子的「義」及老子的「道」，在教育改革找尋面向二十一世紀的核心素養過程中，臺灣的學子如何傳承祖先千百年的智慧發展群體與個人的核心素養，是值得探究的課題。

三、發展素養教育應有整體的資源支持

中國城鄉在素養教育的資源落差很大，而素養導向教學應有整體的資源支持，尤其是需要系統而豐富的資源，以學校、家庭、社會三方構築成全方位的框架。目前臺灣一樣有城鄉問題，資源不足及分布不均的問題同時並存，雖然爲了支持學校教師推動新課綱，教育部已建置分享許多資源

與實用網，包括新課綱推動的出版品、資訊與案例等實體和數位資源，但核心素養必須透過更多的閱讀、參觀、實踐活動與解決問題的體驗經驗，而這些活動需要更多的物力和財力支持，需要有合適且安全的場地與資源來實作，需要採取多元的方法。目前教師實施素養導向教學時，所需的眞實情境場域和師資支援往往不足，如語文領域的口語環境、自然科學領域的實驗設備與藝術領域的展演資源等，在城鄉一樣有很大的差距。

學校教育就是要喚醒學生的主觀能動性，給予弱勢群體的學生更多關注，這樣才能彌補家庭或外在環境帶來的文化鴻溝，減少教育不平等。

四、應以學生為主體，重視身體力行的勞動教育

中國的小學階段在推動素養導向教學時，社會實踐是最大改變。但如深究其實踐體驗，大多是被動的，亦即是在成人（尤其是教師）指導下的社會實踐，而非主動發起的社會實踐。中國大陸核心素養的「自主發展」，把自主性視爲人，作爲主體的根本屬性，重在強調能有效管理自己的學習和生活，認識和發現自我價值，發掘自身潛力；而臺灣核心素養所強調的「自發」，是指「自主行動」，旨在「培養孩子自動自發的習慣」，此二者事實上都在強調學生的個性。

另中國的核心素養在「實踐創新」包括了「勞動意識」，在「義務教育課程方案和課程標準（2022 年版）」中的文字處處可見「勞動」與「勞動教育」概念的出現，相反地，臺灣的核心素養概念只有提到自動自發，未特別強調勞動。中國大陸固然因歷史因素早年提倡「德智體勞美」與臺灣的「德智體群美」不同，但臺灣的「自主行動」雖重視個體爲主體，但僅有「坐而言」未見其強調「起而行」，依理論之，培養國民具有積極的勞動態度和良好的勞動習慣，似乎是我國在推動素養教育時所缺乏的，如學生在關心家人健康時，能身體力行協助家務；在關注社會議題時，能以身作則參與社會公益等。如此方能培養未來的公民具有人文素養的包容情懷。

核心素養本不應僅重思維與能力，社會實踐通常注重問題的引導性和

互動性，教師可以培養學生核心素養為出發點，設計社會問題增加互動，依托社會問題驅動學生發展核心素養，引導學生主動對社會知識探究，幫助釐清關係，重點是要能起而力行，方能構建完整的知識體系。

五、課程改革從改變教師對學習的觀念開始

從中國的經驗看來，中國教師多肯定素養教學的理念，即使本身可能專業不足，可能連自身都未習得這些核心素養。臺灣教師亦然，可能很多教師已經形成單純傳授知識和技能的工作慣性，雖然每個教師、職員乃至於學生都有自己的素人理論（folk theories），關於教學、教育已有想法，甚或定見（林郡雯，2018），對於什麼是核心素養，如何培養學生的核心素養等知之甚少，要立即轉變觀念建立新的課程觀不容易，且素養導向的教學也對教師的教學設計能力和多學科的知識結構提出了更高的要求。

如教師的理念未改變，則學生對於教學活動就僅是表面參與而非實質性參與，素養教學的實施效果勢必不如預期，當教師認為素養是全人教育，界定個體包含認知、情意與行動的整合，教師於進行素養導向評量時，便會朝著以真實情境革新的翻轉觀點，處理多元評量的規劃。是故教師肯定核心素養的理念便是改變的開始，教師如清楚學生適應未來發展應該具備素養的重要性，便有可能將課堂教材與學生的素養聯繫在一起，注重學科之間的相互融合。

教師觀念的轉變才是教育改革的根本之道，教師應該成為核心素養的引導者而非知識的傳授者，教師能心之所向，身之所往，教師認同核心素養的理念，課程改革方能成功，當教師觀念轉變，才有可能爭取家長認同支持配合核心素養實施。只有具有核心素養理念的老師，才能成就具有核心素養內涵的學生。

六、入學考試命題除走向素養導向外，應逐步建立真實與實作評量機制

中國推動核心素養在中學的改革有限，但在小學迭有成效，且多開始

重視形成性評量。且中國於 2014 年展開大學考試與招生改革，增加「選擇權」滿足學生個性化之發展（張紫屏，2016），但考試命題尤其是入學考試仍停留在紙筆測驗。

當教育體系側重學生通過考試所需的知識（teaching students what they need to know to pass a test），即「應試教學」（teaching to the test），則弱勢學生更容易失敗（Adkins, 2016），當課程改革之後，教學方式改變，表示學習方式必須改變，評量方式也必須改變，尤其是必須先轉變對考試的觀念，評量不是只為了篩選與分類，還包括改善教學與促進學習（Earl, 2003）。

目前我國在推動各領域／科目的素養導向評量強調「學習表現」和「學習內容」的結合，也強調應用於理解或解決真實情境脈絡中的問題中和能力，也重視形成性評量，強調學習評量方式應以紙筆測驗、實作評量、檔案評量等多元的方式進行，不能僅偏重於紙筆測驗（教育部，2014），但教學現場仍多以紙筆測驗為主，許多教學現場的教師仍在摸索素養導向如何在教學中實踐，教學現場的教師認為紙筆測驗的做法較為公平、公正且簡單（王竹梅、丁一顧，2021），多數教師對素養導向評量仍保持觀望（詹惠雪、黃曰鴻，2020）。

教師如果只以紙筆方式測驗學生知識，即使考滿分也不代表學生真正學會，只用紙筆測驗形式的素養導向試題，很難全面培養核心素養，尤其是主要的升學管道考試仍然以「非對即錯」的選擇題為主。近年我國在大學考招也開始重視情境式命題；著重閱讀理解、圖表判讀等整合運用知識的能力；跨領域、跨學科的綜整題型命題以解決真實情境脈絡中的問題為主，對思維品質的考查融入考題中，此基本上是正確的，當升學考試強化素養導向命題，因透過素養導向試題的編製與實施，可讓學生體會到學習是有用的。

當前我國的升大學考試雖然也納入學生學習歷程與多元學習表現資料參採，但學習歷程檔案評量在成為升學依據的同時，也引發高中選修課程評分公平性、教授是否具備評量知能、套裝歷程檔案軍備競賽以及文化資本落差等問題。未來或許應確保現有課綱與考招連動的公平設計，

建立相對客觀的眞實評量（authentic assessment）與實作評量（performance assessment）模式，如透過人工智慧、多媒體、自然語言處理及語音辨識等技術的導入，模擬相對應的虛擬實境（Virtual Reality, VR）與擴增實境（Augmented Reality, AR）試題，改善對學習歷程之評量機制。

參考文獻

一、中文部分

中華人民共和國教育部（2001）。**基礎教育課程改革綱要（試行）**。http://www.moe.edu.cn/publicfiles/business/htmlfiles/moe/moe_309/200412/4672.html

中華人民共和國教育部（2014）。**教育部關於全面深化課程改革落實立德樹人根本任務的意見**。http://www.moe.edu.cn/publicfiles/business/htmlfiles/moe/s7054/201404/xxgk_167226.html

中華人民共和國教育部（2022a）。**義務教育課程方案（2022年版）**。北京：人民教育出版社。

中華人民共和國教育部（2022b）。**教育部關於印發義務教育課程方案和課程標準（2022年版）的通知**。http://www.moe.gov.cn/srcsite/A26/s8001/202204/t20220420_619921.html

中華人民共和國教育部（2022c）。**教育部教材局負責人就「義務教育課程方案和課程標準（2022年版）」答記者問**。http://big5.www.gov.cn/gate/big5/www.gov.cn/zhengce/2022-04/21/content_5686539.htm

王竹梅、丁一顧（2021）。國中小素養導向評量實施之困境與反思。**臺灣教育評論月刊，10**(3)，1-7。

王寬明、王應剛、劉朝海、周洪明（2021）。高中生數學核心素養現狀調查。**內蒙古師範大學學報（教育科學版），34**(2)，126-132。

王曉春（2023）。淺析高中語文教學中學生核心素養的培養。**學週刊，9**，145-147。

安富海、徐豔霞（2018）。我國學生發展核心素養研究：問題與反思。**現代中小學教育，4**，5-9。

余文森（2017）。**核心素質導向的課堂教學**。上海：上海教育出版社。

吳清山（2017）。素養導向教育的理念與實踐。**教育行政與評鑑學刊，21**，

1-24。

李超英（2023）。考查核心素養的初中生物學試題命制的實踐和反思。**生物
　　學教學**，**48**(5)，67-69。

辛濤（2016）。學生發展核心素養研究應注意幾個問題。**華東師範大學學報
　　（教育科學版）**，**34**(1)，6-7。

林美（2020）。如何在英語閱讀教學中培養學生的核心素養。**當代教研論
　　叢**，**4**，116-118。

林郡雯（2018）。幾個關於以核心素養為導向的課程轉化問題。**中等教育**，
　　69(2)，40-56。

林崇德（2016）。**21世紀學生發展核心素養研究**。北京：北京師範大學。

林崇德（2017）。中國學生核心素養研究。**心理與行為研究**，**15**(2)，145-
　　154。

施久銘（2019）。**核心素養的中國實踐**。華東師範大學出版社。

夏永庚、彭波、賀曉珍（2019）。**核心素養理念「落地」之困及其支撐**。
　　https://www.fx361.com/page/2019/0427/5070437.shtml.

時勘、宋旭東、周薇、莊紫祺（2022）。基於知識圖譜分析的大學生核心素
　　養結構研究。**教育進展**，**12**(11)，4892-4903。

核心素養研究課題組（2016）。中國學生發展核心素養。**中國教育學刊**，
　　10，1-3。

陳伯璋、張新仁、蔡清田、潘慧玲 （2007）。**全方位的國民核心素養之
　　教育研究**。行政院國家科學委員會專題研究計畫成果報告（NSC95-
　　2511-S-003-001）。

崔允漷（2016）。素養：一個讓人歡喜讓人憂的概念。**華東師範大學學報
　　（教育科學版）**，**34**(1)，3-5。

崔允漷（2023）。**新課程呼喚什麼樣的「新」教學？** https://mp.weixin.
　　qq.com/s/954KcHrVlkODTF3ld5lirQ

崔允漷、郭華、呂立傑、李剛、余澤元、王振華、劉學智、李美瑩
　　（2022）。義務教育課程改革的目標、標準與實踐向度——「義務教育
　　課程方案和課程標準（2022年版）」解讀。**現代教育管理**，**9**，6-19。

崔寶華、周常穩（2023）。師範類專業認證視域下高師院校師範生核心素養培育的實踐困囿及紓解之策——基於全國12所師範院校的資料分析。**教育科學，39**(2)，56-63。

張啟勳（2023）。聚焦地理學科核心素養的情境教學實踐探究。**河南教育，5**，56-57。

張紫屏（2016）。論高考改革新形勢下高中教學轉型。**課程·教材·教法，36**(4)，89-95。

教育部（2014）。十二年國民基本教育課程發展指引。臺北市：教育部。

陳明慧、符太勝（2023）。核心素養背景下大概念教學的若干問題研究。**教學與管理，3**，17-20。

楊志成（2017）。核心素養的本質追問與實踐探析。**教育研究，38**(7)，14-20。

詹惠雪、黃曰鴻（2020）。教師對素養導向課程設計的理解與實踐反思。**課程與教學季刊，23**(3)，29-58。

褚宏啟（2016）。核心素養的概念與本質。**華東師範大學學報（教育科學版），34**(1)，1-13。

趙偉黎、孫彩平（2017）。全球化下中國大陸「核心素養」改革的思維和實踐挑戰：以2016年人教版小學德育教材為例。輯於白亦方主編，**2016課程與教學改革的回顧與展望**，77-102。五南。

劉慶昌（2017）。人文底蘊與科學精神：基於「中國學生發展核心素養」的思考。**教育發展研究，4**，35-41。

劉霞、胡清芬、劉豔（2016）。我國學生發展核心素養的實證調查。**中國教育學刊，37**(6)，15-22。

羅燕、劉惠琴（2022）。高等教育人才培養的核心素養——國際機構報告的觀點及其對我國的啟示。**中國高教研究，12**，37-44。

二、英文部分

Adkins, R. (2016). *Academic achievement gap and after-school programs: Implications for school social workers.* https://sophia.stkate.edu/msw_papers/552

Earl, L. (2003). *Assessment as learning: Using classroom to maximize student learning.* Thousand Oaks, CA: Corwin.

第八章

十二年國教政策促進教育機會均等的省思與展望

許籐繼

國立臺灣師範大學教育學博士
國立臺灣海洋大學師資培育中心 / 教育研究所副教授

前言

　　教育對於個人具有工具性與內在性的雙重價值，前者意味著教育可以協助個人獲得繼續教育及一系列個人生涯的獲益，如更佳職業的選擇等；後者則顯示教育有益於個人發展高品質的生活。有鑑於此，個人能否獲得均等的高質量教育機會，成為社會大眾關注的焦點，也是世界各國政府施政的重要目標（Lynch, 2016; Shields, Newman, & Satz, 2023）。我國相關法律即明定教育機會均等的規範，《憲法》第 159 條：「國民受教育機會一律平等」，《教育基本法》第 4 條提及：「人民無分性別、年齡、能力、地域、族群、宗教信仰、政治理念、社經地位及其他條件，接受教育之機會一律平等。對於原住民、身心障礙者及其他弱勢族群之教育，應考慮其自主性及特殊性，依法令予以特別保障，並扶助其發展。」可見，我國為確保個人獲得均等的教育，已經透過立法加以保障，而政府歷來的許多教育政策也正朝此方向努力。

　　十二年國民基本教育政策（以下簡稱十二年國教政策）是我國重要的教育政策之一，乃是繼九年國民義務教育之後，歷經多年倡議、討論、演變與修訂等過程，才形成的延長國民教育年限政策（江宜樺，2013；教育部，2023；楊思偉，2006）。其內涵包括三大願景，即提升中小學教育品質、成就每一個孩子以及厚植國家競爭力；五大理念，即有教無類、因材施教、適性揚才、多元進路、優質銜接；六大目標，即培養現代公民素養、引導多元適性發展、確保學生學力品質、舒緩過度升學壓力、均衡城鄉教育發展、追求社會公平正義；七大面向相關方案，即全面免學費、優質化均質化、課程與教學、適性輔導國民素養、法制作業方案、宣導、入學方式等（教育部，2022）。從前述政策內涵觀之，實隱含著促進教育機會均等，以實現社會公平正義的理想。然而，在理想與實際之間的落差仍待檢視與改善。因此，本文從教育機會均等涵義的觀點，省思十二年國教政策的規劃與執行，進而對政策發展提出未來展望。

教育機會均等的涵義

教育機會均等一詞，包括教育機會和均等兩個概念。所謂教育機會是指個體接受國家提供教育的可能性，此種可能性受到家庭經濟地位、學校入學、個人努力和社會習俗等因素的影響，而均等則指每個人接受國家提供教育可能性的質量相當（Shields, Newman, & Satz, 2023）。因此，教育機會均等指的是每個人不論其背景或其他影響因素如何，都能擁有平等接受適合其發展需求和才能的高質量教育。不過，檢視過往的教育機會均等概念，受到不同社會發展時期的政治、經濟與習俗影響，其概念涵義也不斷積累和演化（Garnier & Raffalovich, 1984）。茲進一步分析如下：

一、重視入學機會的平等與保障──有教無類

教育機會均等的第一個涵義，即是重視個人入學機會的平等與保障。這是有教無類精神的體現，也是一種教育機會的形式平等（formal equality of educational opportunity）（Shields, Newman, & Satz, 2023）。依此，個人不論其性別、殘疾、種族、家庭社經地位、宗教和居住地區，皆擁有接受國家所提供公共教育的平等權利。這意謂著沒有人會因為個人、家庭或社會等背景因素，而被剝奪接受教育的權利，也是一種法律之前、人人平等的反歧視主張。此種涵義應用於教育時，即強調政府應提供學生 K-12 年級學校機構的公平入學機會（Shields, Newman, & Satz, 2023）。換言之，在入學申請上，應消除形式上的不當障礙，例如：限定性別、種族、或宗教等條件。一旦出現前述狀況，將被視為一種形式的不平等，也是一種對個人平等入學的歧視。

各國政府受此理念影響，通常也會提出相應的措施，以保障國民的平等入學機會。首先，藉由立法加以保障，例如：法律規定提供國民一定年限的「免費」國民教育，賦予國民應有的國民教育權利與義務（Coleman, 1968）。其次，透過政策規範學區內不同背景學生，擁有平等就讀同一學校的權利。如果以種族作為國民分別進入不同學校之依據，即使宣稱學校之間資源相同，其教育機會均等仍將不復存在。美國在 1950 年代對公立

學校所採行的黑白種族隔離措施，其隔離本質就是一種教育的不平等（陳
奎憙，2000；Coleman, 1968）。

二、重視就學機構資源的平等——一視同仁

教育機會均等的第二個涵義，即重視就學機構資源分配的平等。乃是
一視同仁精神的體現，也是一種教育資源的公平分配（Shields, Newman,
& Satz, 2023）。依此，無論個人背景如何，政府對其所就讀學校投入的
資源水平應相似（Coleman, 1968）。這意謂著沒有人會因為所就讀學校，
受到種族等因素影響，而導致政府對學校之間不當的區別性資源投入，形
成一種不公平的資源分配，影響學生的學習結果。此處所謂資源，至少可
以區分為有形和無形兩類，前者包括每位學生支出經費、學校設施、圖書
館藏、課程、師資數量等；後者則包括教師士氣、教師對學生期望、學校
社會聲望等。檢視教育機會的均等性，便可通過比較學校之間獲得有形和
無形資源的差異程度，以及校際學生學習差距的關聯性來進行（Spencer,
2010）。

此種涵義應用於教育時，即強調政府應針對學生就讀 K-12 年級學校
機構投入相似的資源，力求就讀不同學校的學生，享受到一視同仁的資
源，促進校際資源分配的均等性。例如：1950 年代美國實施種族隔離學
校，當時教育行政機關雖然宣稱黑人與白人學生就讀的種族隔離學校，所
獲得的資源相同，並將校際學生成績差距歸因於社會和文化。但是，美國
最高法院的裁決結果卻與之相反，其判定黑白種族隔離學校在有形資源，
如校車、設備等，以及隔離本身所產生的無形優劣意識資源，都顯現校際
之間資源投入的不平等（Spencer, 2010）。因此，判決隔離而平等的教育
違憲，促成種族隔離學校政策的終止，並改變學校之間資源投入的不平等
情形。

三、重視獲得共同課程的學習機會——平等學習

教育機會均等的第三個涵義，即重視個人獲得共同課程的機會。這是
一種平等內容的體現，也是一種起始點的平等（Shields, Newman, & Satz,

2023）。依此，不論個人背景如何，應擁有平等接受共同課程的機會，以利於個人未來繼續教育或發展的平等效果（Coleman, 1968; Shields, Newman, & Satz, 2023）。這意謂著沒有人會因為背景等各種因素，而被剝奪獲得共同課程的學習機會，造成對個人的排除作用。反之，如果政府未能提供學生共同課程的學習機會，便會形成另一種不平等。例如：英國雖然在二十世紀初提供國民免費的公共學校教育，但是下層勞動階級學童所就讀的寄宿學校（the board schools），其課程設置與中上階級學童所就讀的志願學校（voluntary school）截然不同。只有後者課程的學習內容，才能作為學童繼續教育的資格（Coleman, 1968）。

此種涵義應用於教育時，即強調政府或學校應提供 K-12 年級學生，擁有共同課程的平等學習機會。此處的不平等往往出現在學校所提供的共同課程，僅為少數學生考量，而非滿足大多數學生的需要（Coleman, 1968）。如果共同課程內容關乎學童未來繼續教育，則不論學生背景如何，應該提供給所有學生平等的學習機會。例如：我國中小學共同課程，乃指有助於培育公民素養或作為繼續升學考試檢測的課程，包括閱讀和數學課程等。政府提供不同社會階級背景的學生，特別是對工人階級子女，獲得平等的共同課程修習機會，以利其繼續高等教育。

四、重視差異而均等的教育──適性揚才

教育機會均等的第四個涵義，即重視差異而均等的教育。乃是適性揚才精神的體現，也是一種因材施教的積極差異化作為（Shields, Newman, & Satz, 2023）。依此，政府應該為不同性向、興趣、能力、殘疾以及家庭社經弱勢背景學生，提供差異而均等的教育。以美國為例，為改善城市黑人兒童的學業低成就，學校根據兒童文化剝奪所導致的弱勢，進行補償教育計畫（Spencer, 2010）。換言之，如果學校對於條件弱勢學生，採用與其他條件優勢學生相同的教育措施，缺乏積極性的差別對待，反而是另一種不平等。因此，學校應針對殘疾等弱勢學生採取差別待遇的教育措施，同時也需要考慮是否因而引發當事者的負面感受，如恥辱等，避免所謂的差異困境（Coleman, 1968）。

此種涵義應用於教育時，即強調政府或學校應針對潛能不同或家庭社經地位等條件弱勢學生，在教育過程中實施差異性的適性輔導與補償教育（Shields, Newman, & Satz, 2023）。前者，所謂適性輔導至少可採取以下具體作為：其一，適性分流，即政府基於學生性向，建立分流學制，讓學生依其性向或潛能選擇不同分流機構，接受適性的課程與教學。其二，差異化教學，即學校教師基於學生能力與學習表現落差，提供差異化的學習指導。後者，所謂補償教育主要受到「相對劣勢」概念的影響，針對不同家庭環境、能力、身殘、族群或地區等條件弱勢學生，秉持正義與公平原則，在教育過程中提供其額外資源，進行課中或課後的補救教學，以縮小弱勢學生的學習表現差距。惟此種積極差別性待遇的教育措施，要避免標籤化並顧及弱勢學生的尊嚴和感受（陳奎憙，1996；Lynch, 2016; Spencer, 2010）。

五、重視教育結果的均等──公平優質

教育機會均等的第五個涵義，即重視個體之間教育效果的均等。這是一種公平優質精神的體現，也是從重視學校資源投入到學校教育效果均等的轉變，所遵循的是一種教育結果的公平（Coleman, 1968）。依此，政府或學校應採取各種教育政策措施，縮小同年齡但不同背景學生的學習表現差距（Rawls, 2001）。這也意謂著教育機會均等在某種程度上，取決於學校教育效果平等的假設（Gamoran & Long, 2007）。Coleman（1968）指出只有當種族和宗教等少數群體學生的教育結果，與占主導地位群體的學生相同時，教育機會均等才能實現。不過，陳昭志與吳勁甫（2014）認為此種結果的均等，是一種不切實際的教育發展要求。但是，美國教育平等項目（EEP）聯合創始人艾爾‧夏普頓（Al Sharpton）指出，成就差距是二十一世紀的民權問題，因此學校縮小學生在公共教育成就的差距，是當下追求教育機會均等的重要目標（Spencer, 2010）。

此種涵義應用於教育時，即強調政府或學校對於創造學生平等學習成就的責任（Coleman, 1968; Shields, Newman, & Satz, 2023）。換言之，政府或學校的教育措施，是影響學生之間學習成就差距的關鍵因素。例如：學

校的班級規模大小或教師專長與任教課程的匹配，都會影響學生之間的教育效果與差距（Coleman, 1968）。因此，學校必須爲所有學生獲得相似且良好學習成就承擔責任。不過，所謂相似學習成就所指爲何？是單指學科成績，還是包含其他學習態度等表現？以美國《不讓一個孩子掉隊》（No Child Left Behind, NCLB）政策法案爲例，其將學生的學習成就限縮在學生的基本技能和認知發展（Spencer, 2010）。另外，學習成就的平等如何評估？NCLB政策法案的做法主要通過學生參與定期標準化測驗，來衡量學生在數學和閱讀方面的成績，是否達到所設定的熟練級水平。前述爲落實平等結果的法案，雖然受到關心教育者的肯定，但是卻不受學校教育工作者的歡迎，因爲該法案讓他們成爲不同背景學生之間成績差距的代罪羔羊。不過，美國政府仍持續推動此公平到卓越的均等法案，認爲其有助於學生成爲未來美國社會的自由平等公民（Spencer, 2010）。

根據上述，可見教育機會均等並不是單一的固定概念，而是在不同社會發展時期，對於教育理想的追求與演化過程，未來其涵義也將隨著當下社會型態的需要，而持續累進與發展。

 ## 十二年國教政策促進教育機會均等的省思

十二年國教政策雖然旨在成就每一個孩子，但是推動至今，對於諸如偏鄉學生的影響，仍存在入學競爭的弱勢、數位設備的落差、師資結構失衡、多元入學方案的不利、特色學校不足、學區劃分爭議等問題（蔡嘉忠，2014）。顯見政策在促進教育機會均等的議題上，仍有必要進一步的省思與討論，茲分述如下：

一、納入有教無類均等理念，但免試免費方案尚未完全落實

十二年國教政策理念之一爲有教無類，顯見政策欲促進教育普及的意圖。不過，前九年國民義務教育階段，透過《強迫入學條例》的執行，學生入學比率已接近100%，就量而言幾乎已達完全普及的水準。反倒是後三年中等教育階段，並無強迫入學相關規定，目前學生就學比率約爲

95%，在普及上仍有提升空間（教育部，2022；楊思偉，2006）。因此，政策的教育普及任務主要放在後三年中等教育階段。目標在於讓 15 歲以上國民，不分種族、性別、階級、社經條件、地區等，皆能普遍接受高級中等階段的優質教育（教育部，2017；楊思偉，2006）。

　　為達成前述目標，政策規劃並執行全面免學費與免試入學方案。不過，就目前執行現況顯示，全面免學費方案實際上是「部分對象免學費」，僅就讀全國公私立高職學生以及就讀公私立高中學生，其家庭年所得總額 148 萬元以下，才享有免學費（教育部，2022）。直到 2023 年，行政院才宣布自 2024 年 2 月開始，以不排富方式，讓所有高中、高職學生全面免學費。至此，未來如能有效落實，將能達成十二年國教政策有教無類的均等理念（林曉雲，2023；教育部，2022）。另外，國中生進入高中職的入學方式主要有三種，即免試入學、特色招生、特殊就學輔導，涵蓋一般生和特殊生。其中政策所標榜的免試入學或者特色招生，實際上仍是「有試入學」。國中生畢業生以會考成績為主，參採其他項目進行超額比序選填學校志願，而特色招生也是另一種入學考試（國立臺灣師範大學教育政策小組，2015）。可見，免試入學方案在實際執行上並未落實。這也使得國中畢業生升學高中職時，仍競爭於會考成績並在選填學校志願上，受各校過往錄取分數排名的影響。如此，便易形成中等學校之間錄取分數排序的階層化現象。對於政策所要達成的「充分就學，適性選擇」、「區域均衡，就近入學」和「舒緩過度的升學壓力」等目標，難以有效達成（楊思偉，2006）。

二、推動高中職優質化與均質化方案，但資源投入的特色等均　　等成效仍待觀察

　　十二年國教政策目標之一為均衡城鄉教育發展，顯見政策承擔弭平城鄉教育差距的任務。前九年國民義務教育，以公立學校所占比例較高，且學校類型較為單一，加上政府過往推動教育優先區等教育補償政策，使得城鄉的國民中小學之間的教育發展水平差距逐漸縮小（教育部，2017）。反觀後三年中等教育階段，各學校之間受到六都與非六都、學校錄取分數

差距、學校類型多元性等因素的影響，導致各校在教育資源投入上存在不同的差距。因此，政策推動以改善城鄉學校之間資源投入的差距，均衡不同地區和類型學校之間的發展水平為重要目標（教育部，2017）。

為達成前述目標，政策規劃並執行高中職優質化和均質化相關方案。在優質化方案部分，以《高職優質化輔助方案》為例，全國曾參與方案之高職學校超過 200 所，希望藉此方案的資源挹注，改善相對弱勢地區學校的辦學品質。同時，也提供國中畢業生更多「優質高職」學校，以供其就近及適性入學的選擇，而不再盲目依錄取分數，擠入所謂高分群的明星學校（蘇景進、謝麗君、宋修德，2018）。優質化方案的執行，部分地區學校確實因資源投入而在辦學品質上有所改善（教育部，2017），但是也發現部分學校並未能善用方案資源，甚至藉此節省本應投入的辦學成本（王瀚陽，2023）。因此，方案執行上應接受嚴格監督與評鑑，以確保學校善用方案資源，達成提升學校教育品質的優質化目標（教育部，2022）。另外，在均質化方案部分，以《高級中等學校適性學習社區教育資源均質化實施方案》為例，積極促進高中職社區化，採取資源均衡、適性學習、夥伴優質、就近入學四項原則辦理（教育部，2014；楊思偉，2006）。方案期待各校突顯特色或專長師資、課程、教學、輔導等革新等，皆非短期可達成。如果優質化和均質化方案沒有強制高中職學校的普遍參與，則方案的執行能否達成促進學生辦學的特色且優質成效，就有待持續觀察（國立臺灣師範大學教育政策小組，2015）。

三、規劃十二年一貫部定共同課程，但高中職核心素養與共同課程時數差異大

十二年國教政策目標之一，即培養現代公民素養。顯見政策期待能培養學生具備公民素養，讓學生在未來的臺灣社會中，獲得平等的生存與發展（楊思偉，2006）。為實現前述目標，政策規劃並執行課程與教學面向的相關方案，其中最重要的方案便是建置十二年一貫課程體系。前九年國民義務教育階段課程架構，包括部定課程或稱領域學習課程，以及校訂課程或稱彈性學習課程。後三年高級中等教育階段課程類型，包括部定必修

課程，含達成各領域基礎學習的「一般科目」，以及讓學生獲得職業性向
發展的「專業科目」及「實習科目」。校訂課程則包括「校訂必修課程」、
「選修課程」、「團體活動時間」及「彈性學習時間」。可見，不論前九
年或後三年的課程，基本上可區分為兩大類，即「部定課程」與「校訂課
程」。前者由國家統一規劃，以養成學生基本學力，並奠定其適性發展的
基礎。後者由學校安排，以形塑學校教育願景及強化學生適性發展（教育
部，2021）。因此，十二年一貫課程所提供的共同課程主要為部定課程，
目的在培養學生基本學力與現代公民素養，而校訂課程主要目的在強化學
生的適性探索與發展。

　　前述課程與教學方案雖已規劃並執行部定的共同課程，但是發現有
兩個值得進一步思考的問題。其一，十二年一貫課程綱要所提出的三大面
向、九大項以及國小、國中、高級中等階段的相應核心素養，希望以此引
導師生課程與教學的設計與實施。但是，核心素養除了數量繁多且過於抽
象之外，主要應用於國民小學、國民中學及高級中等學校的一般領域／科
目，至於技術型、綜合型、單科型高級中等學校，則授權依其專業特性及
群科特性進行發展（教育部，2021）。可見，十二年一貫課程體系中，共
同課程所要培養的核心素養並不具共同性，高中和高職學生之間有明顯的
不同。其二，在九年義務教育階段的共同課程主要為領域課程，所有同學
齡學生接受相同的教育的內容與時數。然而，高級中等教育階段的共同課
程，即部定必修課程時數，普通型高級中等學校是 120 學分，綜合型與單
科型高級中學是 50 學分，前者是後者的兩倍有餘。就培育平等公民素養
而言，不同學校類型學生接受的共同課程明顯不同，將形成另一種教育的
不均等（教育部，2021；國立臺灣師範大學教育政策小組，2015；Gamo-
ran & Long, 2007）。

四、實施學生適性入學等相關方案，但適性分流準備尚不充分

　　十二年國教政策願景之一為成就每一個孩子，也提及因材施教、適性
揚才、多元進路與優質銜接理念，且政策目標之一也提到引導多元適性發
展。可見，政策本身非常重視學生的適性學習與發展。為實現前述政策願

景、理念與目標，政策規劃與執行涵蓋入學方式、適性輔導國民素養、課程與教學等面向的相關方案。歸納而言有三個重點（教育部，2022）：適性入學、適性輔導與適性升學。首先，適性入學部分，透過規劃高中高職優質化與均質化、免試就學區、特色招生等方案，提供國中畢業生多元特色與優質的高中高職學校，讓其採取就近與適性選擇學校入學。其次，適性學習輔導部分，是指在學的學習輔導。透過國中與高中職生涯輔導、高中職學習扶助、適性輔導及品質提升、國中小補救教學、高中高職教師品質提升等方案，支持教師進行有效的學生適性輔導，包括引導學生生涯試探、差異化教學或課中課後補救教學等。第三，適性升學部分，是指國中畢業生升學高中職，或者高中職升學大學，在學制上能提供學生配合個人興趣和能力進行適性升學。這是一種水平的適性與優質特色的學校選擇，而不是依學校過往錄取分數高低的優劣判斷。主要透過免試就學區、大學繁星、技職繁星推薦等方案，來落實學生的適性入學。

上述諸多政策方案，重點在於提供學生在入學、就學和升學階段的適性輔導與發展。在前述政策規劃與執行上，仍有下列問題值得省思：其一，不論是國中升學高中職，或者高中職升學大學，學生需要適性升學的制度性支持，但是目前在制度上是否提供明確的學制分流和轉換機制（林永豐，2007），以及是否提供足夠適性分流的優質機構與課程？其二，不論是前九年或後三年的就學或升學階段，針對學生潛能或弱勢背景，提供差異化的適性教學、補救教學和適性升學方案，對學校、教師與政府而言，仍是有待突破的挑戰（王麗雲、甄曉蘭，2007）。教育部十二年國教配套措施「大學繁星推薦、技職繁星」方案便是一例，該方案旨在承擔扶助弱勢的社會責任，執行後也確實嘉惠偏鄉學生，然而卻未必嘉惠偏鄉真正弱勢的學生（國立臺灣師範大學教育政策小組，2015）。

五、強調實現公正教育的結果，但不同背景學生尚未獲得均等的基本學力

十二年國教政策三項目標，分別為培養現代公民素養、確保學生學力品質、追求社會公平正義。可見，政策在人才素質上非常重視現代公民素

養的培育（教育部，2022）。學生現代公民素養與基本學力息息相關，同為教育所要培養的共通能力，也是一種實現公正教育的結果（Gamoran & Long, 2007）。為實現前述政策目標，政策規劃並執行相關方案，諸如建置並執行十二年一貫課程、國中小和高中職的補救教學等。這些方案的實施，確能提升部分國民基本素質，有利於國民平等的繼續升學或就業（教育部，2017）。但是，也發現以下值得省思的問題。

其一，政策推動以來，不同背景國中學生並未獲得平等的基本學力。例如：國三學生基本學力測驗結果顯示，不同社經地位、族群、都市化程度、學校類型的學生，其測驗評量成績皆達到顯著的差異（國立臺灣師範大學教育政策小組，2015）。再如審計部「中央政府總決算審核報告」指出，國中教育會考標準參照評量，區分為「A 精熟」、「B 基礎」、「C 待加強」三等級，其中仍有一定比例學生獲得 C 等級，表示這些國中生尚未具備基本學力（陳政宇，2023；聯合新聞網，2023）。其二，公民素養有關的閱讀、數學和科學三個領域，根據國際學生評量方案（PISA）的結果，顯示臺灣學生數學成績前後段落差程度居世界第一（國家教育研究院，2021；國立臺灣師範大學教育政策小組，2015）。換言之，政策實施的成效，尚未達成所有學生獲得基本學力與素養的均等結果。

肆　十二年國教政策促進教育機會均等的展望

教育機會不均等現象在世界各國始終存在（Gorski & Swalwell, 2023），從上述對我國十二年國教政策的省思中可以發現，雖然政策規劃本身已納入教育機會均等的理念，但是在政策執行上仍有所不足，以下提出展望作為未來政策執行的參考：

一、研修十二年國民教育法為義務教育，以落實免試政策促進入學機會的均等

十二年國教政策規劃為前九年國民義務教育和後三年中等國民基本教育階段，分別適用不同的法律。省思十二年國教政策的當前執行情況，

政策雖已納入有教無類均等理念，但在免學費和免試部分，分別受限於當前國家財政狀況和教育現況，尚未完全落實。展望未來政策，在免學費方面，如果能夠如政府所宣示，落實全面且不排富的免學費方案，將有望進一步促進入學機會的均等。另外在免試方面，現階段的考試應屬過渡階段的安排，未來應採取相關措施來達成。所謂鑑往知來，九年國民教育政策於民國 57 年延長之時，初期也因條件所限並未強迫入學，同時也未視其為義務教育，僅稱之為國民教育。直至民國 68 年《國民教育法》公布，才確定九年國民教育為義務教育。民國 71 年又修正公布《強迫入學條例》，自此國民中小學學生才全面強迫入學（教育部，2017；楊思偉，2006）。因此，展望未來，可先分階段調整免試政策的作為，同時整合中小學適用的不同法律，基於國民教育權主體的精神修改《國民教育法》，確立十二年國民教育為義務教育，賦予 6 至 18 歲國民一律享有國民教育的權利與義務，落實真正免試政策，以積極促進入學機會的均等。

二、建立十二年國教資源中央統籌制度，以永續校際資源投入的均等

十二年國教政策實施對象，分屬前九年國民中小學教育和後三年中等教育階段學生。過去公立國民中小學和部分公立完全中學的經費等資源，來自地方政府，而部分公立高中和高職的資源來自中央政府。來自地方政府的資源，由於各地方產業發展不一，加上中央與地方稅收的差異，常會發現隸屬地方政府的學校，與隸屬於中央政府學校之間的資源投入的差距。如果再加上政治因素的影響，此種資源投入與分配不均的情形，恐更為明顯（陳昭志、吳勁甫，2014）。省思十二年國教政策，其雖已推動高中職優質化與均質化等方案，但資源投入與分配的均等成效仍待觀察。方案的實施是否能普及各校，使其獲得均等資源並產生特色，仍令人質疑。展望未來政策應建立十二年國教資源中央統籌制度，以永續校際資源投入的均等。在中央長期且全面統籌之下，可針對各個學校需求，秉持平等、差異和補償等原則，進行合理的資源分配（陳昭志、吳勁甫，2014）。如此，不但可以避免學校之間的資源投入，因城鄉差距或其他因素受到的

不平等影響，也可以避免因此而導致學校之間辦學品質的落差（Shields, Newman, & Satz, 2023）。讓各校針對其辦學需求，善用資源並發展成具特色的優質學校。此種永續校際資源投入的均等，不但能均衡城鄉教育發展，也能提供學生多元特色且優質學校的適性選擇。

三、縮減並齊一化不同類型學校共通性核心素養，據以規劃相似的共同課程

　　十二年國教政策目標之一，在於培養現代公民素養，反映於課程綱要中的「核心素養」。具體而言，就是一個人為了適應現在生活及面對未來挑戰，所應具備的知識、能力與態度（教育部，2021）。因此，讓每一個國民皆具備公民素養，有利於其在未來社會中，獲得平等的生存與發展機會（楊思偉，2006）。為達成前述目標，十二年國教政策發展課程與教學相關方案。省思這些方案的規劃與執行，發現高中和高職的共同核心素養與共同課程時數有顯著的差異。為改善前述差異性問題，展望未來政策應齊一化不同類型中等學校適用之共通性核心素養，並據以調整和規劃相似時數與內容的共同課程，裨益培養國民均等的公民素養，使其在未來社會獲得平等的發展機會。另外，透過分類簡化核心素養的項目，以利於教師轉化核心素養的課程設計與實施。例如：在課綱中，每一階段僅保留和該階段學生所需具備且重要的素養。以2003年聯合國教科文組織（UNESCO）倡導五個學習支柱為例，包括學會求知、學會做事、學會共處、學會發展；以及學會改變（國立臺灣師範大學教育政策小組，2015）。如果能適切地縮減核心素養項目，齊一化不同學校類型核心素養，據以規劃相似的共同課程，將有助於促進不同學校類型學生，擁有接受共同課程的均等機會。

四、規劃彈性的學制分流機制，並增加普通高中之外，多元且優質學校的比例

　　十二年國教政策的願景、理念與目標，皆強調以學生為中心的適性學習與發展（教育部，2020）。因此，透過十二年國教政策相關方案的實

施，希望能實現適性揚才的均等理念（教育部，2020）。省思十二年國教政策的規劃與執行，發現在學生適性入學、輔導與升學的相關方案中，適性分流的準備尚不充分。主要的問題包括：缺乏明確的學制分流和轉換機制，以及差異化教學、補救教學和扶助弱勢學生升學遭遇挑戰（國立臺灣師範大學教育政策小組，2015；Spencer, 2010）。為有助於前述問題的解決，展望未來政策應規劃彈性的學制分流機制，並增加普通高中之外，多元且優質學校的比例。首先，所謂分流是指一個由共同導向分殊的教育歷程。主要是為了配合學生興趣、性向與能力的差異，以及因應未來社會就業的職業分工需要，而進行學制、機構與課程分殊的規劃。換言之，分流機制就是指規劃好不同分流的進路，其中需要考慮兩個部分，即分流點與分流設計（林永豐，2007）。分流點主要是適性入學的時間點，諸如國中畢業生升學多元普通高中、專業科高中、綜合型高中等，可稱為第一個分流點；而第二個分流點則是不同類型高中職學生升學高等教育或就業的選定時間點。分流設計即是學制進路的分流，需要配合機構和課程的分流，在學制規劃上需要保留不同進路轉換的彈性（林永豐，2007）。其次，如要真正落實學生適性入學有效分流並減少後悔機會，除在國中時期提供學生足夠的性向探索之外，也必須提供學生足夠多元且優質的學校數量。以109 學年度為例，高級中等學校普通科 377 校便占總校數一半以上，其他專業科 268 校，綜合高中 67 校。可見，未來應持續增加普通高中之外，多元且優質學校的數量和比例，提供國中畢業生在分流適性入學的選擇，並在其中接受適性課程和教學，使每個學生的潛能都能因此獲得適性開展（教育部，2017）。

五、增能教師適性輔導並及早落實補救教學，以確保學生獲得相似的基本學力

十二年國教政策目標之一在確保學生學力品質。換言之，政策期待透過方案的執行，讓不同背景學生獲得均等的基本學力（Spencer, 2010）。因此，透過政策方案的執行來促進教育結果的均等。省思政策的規劃與執

行，透過國三畢業生參加基本學力測驗或會考的成績，以及國際學生評量方案前後段學生高度落差的結果，發現政策方案雖強調實現公正教育的結果，但不同背景學生卻尚未獲得均等的基本學力。為改善前述問題，展望未來政策應增能教師適性輔導並及早落實補救教學，以確保學生獲得相似基本學力。換言之，未來應加強教師適性輔導的專業，包括多元化評量、差異化教學、補救教學理論與實務等專業知能。再者，學生在各階段的學習一旦落後，應及早採行有效的補救教學方式。研究證實在小學階段結束之前，消除分數差距是弱勢學生協助的重要時間點。芬蘭在國小低年級階段即採取一對一的方式進行學習扶助，以確保每位學童都能獲得相同的學習品質（國立臺灣師範大學教育政策小組，2015）。此種及早採取積極補償措施的方式，可以有效縮小學生接受公共教育的成就差距，有助於弱勢學生獲得均等的基本學力。藉此，讓低表現或來自低社經背景家庭的學生，有機會持續學習或就業，以提升其透過教育翻轉家庭社會階層的可能性（國立臺灣師範大學教育政策小組，2015；Spencer, 2010）。

 伍　結語

從十二年國教政策的願景、理念、目標與相關方案來看，政策本身已隱含促進教育機會均等的理想。自民國 103 年政策開始執行迄今，在這方面已取得部分的成果，但也看到一些政策規劃與執行的不足。本文藉由教育機會均等概念的分析，提出五項重要涵義並據以進行政策的省思，最後提出十二年國教政策促進教育機會均等的五項展望。包括研修十二年國民教育法為義務教育，以落實免試政策促進入學機會的均等；建立十二年國教資源中央統籌制度，以永續校際資源投入的均等；縮減並齊一化不同類型學校共通性核心素養，據以規劃相似的共同課程；規劃彈性的學制分流機制，並增加普通高中之外，多元且優質學校的比例；增能教師適性輔導並及早落實補救教學，以確保學生獲得相似的基本學力。希冀本文的分析有助於未來政策的發展，進一步促進教育機會均等理想的實現。

參考文獻

一、中文部分

王瀚陽（2023年6月30日）。高中職全面免學費　家長團體：終於落實12年國教【自由時報電子報】。取自https://news.ltn.com.tw/news/life/break-ingnews/4349502

王麗雲、甄曉蘭（2007）。台灣偏遠地區教育機會均等政策模式之分析與反省。**教育資料集刊，36**，25-46。

江宜樺（2013）。**行政院院長十二年國民基本教育政策專案報告**。取自https://npl.ly.gov.tw/do/www/FileViewer?id=4138

林永豐（2007）。我國後期中等教育分流模式之探討。**當代教育研究季刊，15**（2），1-34。

林曉雲（2023年6月30日）。**高中職全面免學費　家長團體：終於落實12年國教【自由時報電子報】**。取自https://news.ltn.com.tw/news/life/break-ingnews/4349502

教育部（2014）。**高級中等學校適性學習社區教育資源均質化實施方案**。取自https://www.k12ea.gov.tw/Tw/Station/AffairDetail?filter=63F293A9-0155-41A3-97B7-46E43E4685FE&id=19cf6073-f5f5-459a-9f9b-2168aa8f0ac1

教育部（2017）。**教育部國民及學前教育署高級中等學校適性學習社區教育資源均質化實施方案經費補助要點**。取自https://edu.law.moe.gov.tw/Law-Content.aspx?id=GL001688

教育部（2021）。**十二年國民基本教育課程綱要**。臺北市：教育部。

教育部（2022）。**十二年國民基本教育相關業務**。取自https://www.edu.tw/News_Content.aspx?n=D33B55D537402BAA&s=37E2FF8B7ACFC28B

教育部（2023）。**十二年國民基本教育課程綱要修訂背景**。取自https://cirn.moe.edu.tw/WebContent/index.aspx?sid=11&mid=12501

國立臺灣師範大學教育政策小組（2015年1月7日）。**培育國家未來人才：12**

年國教之省思與呼籲【學術動態】。取自https://www.ntnu.edu.tw/news/detail.php?mode=data&id=14790&type_id=74

國家教育研究院（2021年9月1日）。**臺灣閱讀表現上升高於OECD平均【測驗及評量研究中心】**。取自https://www.naer.edu.tw/PageDoc/Detail?id=3173&fid=125

陳政宇（2023年8月22日）。**審計部：近5成經濟弱勢學生「未具備英、數國中基本學力」【自由時報電子報】**。取自https://news.ltn.com.tw/news/life/breakingnews/4403391

陳奎憙（1996）。如何促進教育機會均等。**彰化文教，37**，4-6。

陳奎憙（2000）。**現代教育社會學**。臺北市：師大書苑。

陳昭志、吳勁甫（2014）。檢視十二年國民基本教育政策：基於教育經濟學觀點。**教育科學期刊，13**(1)，48-70。

楊思偉（2006）。推動十二年國民教育政策之研究。**教育研究集刊，52**(2)，1-31。

蔡嘉忠（2014）。十二年國教實施對偏鄉地區的衝擊及影響——以高雄市永安區爲例（未出版之碩士論文）。國立中山大學，高雄市。

聯合新聞網（2023年8月22日）。**窮人靠教育翻身難？媒體人揭殘酷數據網：審計部是最後良心【聯合新聞網】**。取自https://udn.com/news/story/6885/7387262

蘇景進、謝麗君、宋修德（2018）。高職教師知覺校長溝通行爲與高職優質化執行成效之研究。**技術及職業教育學報，8**(2)，25-67。

二、英文部分

Coleman, J. S. (1968). The concept of equality of educational opportunity. *Harvard Educational Review, 38*, 7-22.

Gamoran, A. & Long, D. A. (2007). Equality of educational opportunity: A 40 year retrospective. Teese, R., Lamb, S., & Duru-Bellat, M., eds., *International Studies in Educational Inequality, Theory and Policy* (pp.23-47). New York: Springer.

Garnier, M. A., & Raffalovich, L. E., (1984). The evolution of equality of educational opportunities in France. *Sociology of Education, 57*(1), 1-11.

Gorski, P., & Swalwell, K. (2023). *Fix injustice, not kids, and other principles for transformative equity leadership.* ASCD. Retrieved from https://www.ascd.org/el/articles/moving-from-equity-awareness-to-action

Lynch, M. (2016). *Three important benchmarks in the history of educational equity and equality in the U. S.* Retrieved from https://www.theedadvocate.org/three-important-benchmarks-history-educational-equity-equality-u-s/

Rawls, J. (2001). *Justice as fairness: A restatement.* Massachusetts: Harvard University Press.

Shields, L., Newman, A., & Satz, D. (2023) ed. Equality of educational opportunity. *The Stanford Encyclopedia of Philosophy* (Spring 2023 Edition). Retrieved from https://plato.stanford.edu/archives/spr2023/entries/equal-ed-opportunity/

Spencer, J. (2010). *Updating 'No Child Left Behind:' Change, or more of the same.* Retrieved from https://origins.osu.edu/article/updating-no-child-left-behind-change-or-more-same?language_content_entity=en

第九章

十二年國教對職業類科
高級中學的衝擊及影響

歐陽怡

國立彰化師範大學工業教育與技術學系博士
上海復旦大學旅遊學系博士
國立臺中科技大學兼任助理教授

　　面對全球高科技及人工智慧對人類生活的影響，我國技職教育政策及人才培育方面正面臨著巨大的影響與衝擊，快速變化的環境及資訊爆炸的網路世代，使人們開始反思技職教育的重要性，面對經濟的快速發展，從勞力密集走向高科技時代，技職教育的發展扮演相當重要的角色，成為奠定臺灣培育孕育人才的搖籃，尤其是在少子女化的時代，產學與人才失衡問題日益嚴重，更應加以重視。

 ## 壹　十二年國教實施過程及現況

　　教育乃國之根本，是人才培育的搖籃，國家發展的基石，接受教育已不再是少數階層所擁有的權力，人人都有受教育的義務及權利，有鑑於此，我國自民國 24 年開始實施義務教育，民國 33 年公布《國民學校法》，民國 38 年以後，國民義務教育是六年，民國 57 年起延長至九年，民國 68 年隨著《國民教育法》的公布，確定為九年國民教育為義務教育。直到民國 71 年修正公布《強迫入學條例》後，規定凡六至 15 歲學童全面強制入學（教育部，2023），其政策目的在於減輕升學壓力，發展適性入學等，讓後期中等教育朝向學術與職業的特色發展（林淑琴，2015）。

　　臺灣在 70 年代隨著社會蓬勃發展與經濟的起飛，教育及人才的培育重新受到重視，紛紛呼籲政府應延長國民教育之義務。90 年代由於社會快速變遷與時代的進步，加上網路及 AI 人工智慧的普及，我國教育制度最早由原先義務教育為國小六年，自民國 57 年起，延長為九年，分別包括國小與國中兩階段，並自 103 學年度起施行十二年國民基本教育（行政院，2023），十二年國民基本教育的推動，主要配合《中華民國教育報告書：黃金十年百年樹人》之政策規劃，共分為二階段，第一階段自民國 100 年 1 月至 103 年 7 月，為啟動準備階段；第二階段自民國 103 年 8 月 1 日起至 109 年 7 月，為全面實施階段（教育部，2023）。

　　國民基本教育的延伸和國家競爭力息息相關，目前全世界至少超過 40 幾個國家實施十年以上的國民基本教育（童鳳嬌，2012），十二年國民基本教育之發展以自發互動及共好為理念，學校教育應激發學生的學習

動機與熱情，引導學生自我實踐，成為具有社會良好適應力的生命個體（國家教育研究院，2023）。

　　十二年國教的實施符合各界期待，也是教育部長期以來努力實踐與改善的重要教育政策，面對少子化和全球化的競爭，十二年國教的核心概念是讓每一個孩子能適性發展，如果只是一味地仿效他國，可能會適得其反（童鳳嬌，2012），雖然實施十二年國民基本教育可以減緩少子化對教育所帶來的衝擊，但高中職學生將全面免學費，部分免試入學，此教育的變革卻直接衝擊高中職校面對更艱難的招生困境（張逸蓁、廖勻華、廖錦文，2014）。

　　為因應網路及人工智慧爆發性的快速成長，養成學子全球化的思維模式，既有課程架構必須與時俱進，教育部以四方面擬定課程目標規劃：1.啟發生命潛能，2.陶養生活知能，3.促進生涯發展，4.涵育公民責任，並輔以核心素養三大面向：「自主行動」、「溝通互動」及「社會參與」共同發展，開始了新課程綱要（108課綱）的規劃（國家教育研究院，2023）。

　　綜上所述，我國的教育政策不斷的與時俱進，從早期填鴨式學習，到近期的鼓勵並培育多元且適性發展，其主要核心乃是讓孩子有能力適應及面對未來世界的挑戰，從實踐中學習並找到學習的熱情，能學以致用減少學用落差，而不是在教育孩子如何考試取得高分。

 ## 貳　職業類科高級中學演進與轉變

　　職業教育一直是我國教育體系中相當重要的一環，其著重於理論與實務兼顧，在我國經濟發展成長時期中扮演著不可或缺的角色，是臺灣經濟發展的命脈（林大仁，2006），我國技職教育政策的變遷可大致分為五個階段，其中包含：1.建構階段（1945-1967）：我國在建構期開始逐漸有系統規劃教育學制，臺灣職業學校的基礎可謂奠立於日據時期，技職教育隨著我國展開九年義務教育發展，出現不同體制建置，為往後教育結構的發展奠定基礎。2.成長階段（1968-1986）：隨著國民教育的延伸，

技職教育進入成長期，此成長階段的技職教育發展，是以配合國家政策人力發展計畫爲最高原則，著重後期教育的強制人才分流制度。3. 興盛階段（1987-1995），因應臺灣經濟快速發展，職業學校培育出的技術型密集人力補足人力缺口（楊朝祥，2007），此時的技職教育穩定成長來到了興盛時期。4. 解構階段（1996-2002）：在該時期，政府面臨教育改革壓力，鼓勵公私立高中及高職開辦「綜合高中課程」，在1999年試辦結束後，綜合高中納入正式學制，此爲我國技職教育體制重大的變革，技職教育經此改變後，問題逐漸浮現，產生嚴重經濟與社會失調問題（楊朝祥，2007；陳恆鈞、許曼慧，2013）。5. 重構期（2003-2014）：在該階段中，教育政策大致延續既有政策，卻面臨了反對聲浪而進行改革，加上政府爲因應未來國家發展需求，在政策方面推動醫療照護、生物科技、精緻農業、觀光旅遊、文化創意及綠色能源等六大新興產業及雲端運算、智慧電動車、智慧綠建築及發明專利產業化等重大政策，以促進我國產業研發創新提升價值及國際競爭力，並重新強化技職教育務實發展的特色，培育技術型人力以符合國家未來需求（教育部，2011；陳恆鈞、許曼慧，2013）。並將原高級職業學校之類別分別爲：農業、工業、商業、海事水產、家事、藝術等，自95學年度起，依專業屬性及職業群集概念，將85個科別統整爲15職群，以符合產業需要，高級職業學校及普通高中附設職業類科之畢業生可選擇繼續升學、自行創業或就業（教育部，2011）。

 ## 十二年國教對職業類科高級中學的衝擊

　　然而，面對社會快速變遷、人工AI智慧的發展及全球化的競爭力之下，政策的與時俱進雖立意良善，符合現代化社會需求，但是也衍生相當多的問題，以下從教師及學生兩方面進行分析。在面對少子化及資訊爆炸的世代，學生選擇愈發多元，許多學校面臨招生不易的困境，紛紛面臨轉型或提出各種創新方案吸引學生，卻忽略了教育的本質，職業教育應重視以下三方面的培養：1. 學生敬業負責的態度及合作等職業道德；2. 傳授各類科之基本知識及實用技能；3. 培養學生適應變遷及自我發展之能力（劉

國英，2000）。

　　吳清基（1992）提出有效教學的六大面向應分別爲──學生、教師、目標、課程、環境、方法等六個面向所構成，除了國家政策具體目標外，其中在教師方面是爲最關鍵的核心要素，教師的教育模式是否能不斷精進及成長，直接關乎著學生學習動機與態度，教師在學生學習生涯中扮演極爲重要的角色，但事實上，教師本身的生涯發展容易因爲穩定及倦怠產生停滯或乏力的狀況，對進修及精進技能的需求動機明顯不足（徐玉恭，2009），爲了因應更好的創新的教育制度或政策，教科書內容也必須不斷推陳出新，然年紀較長的高職教師可能距畢業有一段時間，專業學識、技能略顯不足或需更精進（謝辰鑫、曾淑惠，2012）。職業類科教師是實施課程的關鍵所在，教師對課程的內涵是否具有充分了解與知識及與學校行政方面是否具有共識，都將直接影響到學校課程的品質與實施成效（廖錦文等，2008），蔡俊傑、劉威德與羅鴻仁（2012）研究指出教師應隨時反思教學的過程，對知識進行省思與超越，可以結合時事與生活經驗對課程內容加以變化，並因材施教靈活運用不同的教學策略與新的教學設備，以提高學習動機與效果，達成教學目標。影響職業類科學生在技能學習成效的因素上，以教師的「教學品質」之層面影響最高，其中又以「老師教學熱心，上課內容具有組織及條理」最高，可見教師的「教學品質」在影響學生學習成效的因素中最爲重要（劉國英，2000）；亦有學者指出，教師的專業成長應包含教學、個人及組織發展三方面，而教師專業成長的目的，應以提升教學效能與促進組織發展爲重心，對任教學科的專業智能及進行教學與輔導的工作，都是教師精進專業成長時應著重的部分，並應將其視爲義務（吳梅苓，2003）。

　　在學生方面，陳鴻永（2006）將高職學生之特色，分述如下：1.科系選擇受限於學測分數；2.學業成就偏低，選擇高職成次要選擇；3.打工情形普遍，影響學習；4.學習動機不足，學習態度弱；5.講義氣，易有從眾行爲；6.生活態度與生涯規劃兩極化；7.缺乏信心。林家琪與林惠芬（2017）研究指出，職業類科的學生僅在「常規遵守」和「師生關係」上表現良好；但在「實習準備」的情形最差，常缺乏向師長請益的勇氣、自

行蒐集學習資訊及缺乏職業證照的知能等問題；也較渴望更多同儕的理解及關心等。學生更需同儕的認同，處於青少年中期的高職生，在各方面均異於同階段的高中學生，具有不同的發展特質，期間所面臨的生活適應困擾問題及輔導需求，需更加依賴學校教育的關注與包容，才能創造更多成就感及學習動機。

　　然隨著技職教育的轉變、產業結構改變、生產技術的提升，導致職業教育之變化，又因學生的萎縮，對學校經營產生極大衝擊，學生生涯發展不知所從，且對實務導向的技職學生社會上也未能予以肯定，課程與教育反而逐漸理論化，未能建立特色，致使課程及教學與產業脫節，造成就業不力是目前學生最大的困擾（周巧錡，2016）。另外，有學者研究指出，學生在學習態度層面，學生對技職教育實習課程的興趣會影響其學習態度，學生在實習課程的學習過程中，學習動機不足，教師必須針對因為興趣不合而被動學習的學生付出更多的心力去了解並給予適當的幫助；在學習習慣層面上，學生於心態上是以培養一技之長為目標來進行應用課程的學習，若課程目標不包含考證照的學生，在學習心態上會較鬆懈，影響其學習習慣，但過多的考照次數容易造成學習的壓力，反而會忽略共同科目的學習（紀宗佑，2016）。尤其是學生在語言方面的學習相較於普通高中，對於英文課程的學習，學生易感受到恐懼及莫名的焦慮，造成學習動機不足，未來缺乏職場競爭力（陳育蒼，2022）。

　　在課程方面，根據 Goodlad（1979）的課程理論，將課程區分為：官方的理想課程、學校的正式課程、知覺課程、教師於課堂教學的運作課程，及學生在學習過程所產生的經驗課程五種。學習內容應包含了學校校內與校外一切與學生有關的學習活動，其中包含了正式、非正式和潛在課程，正式課程主要是依課程標準所安排的課程，非正式課程主要是指為配合學校的校務發展而規劃之課程，如校外參訪、服務學習等，而潛在課程，如校慶活動、班會和週會的運用等等（國教院，2000；陳亦強，2021）。黃政傑（1991）指出課程實施必須按照課程內容進行完成，並正確導引學生達成學習的結果與目標。然而，高職的課程修訂無法與時俱進，專業知能技術之傳授往往跟不上產業發展的需求，且高職生入學後，

若發現所學與興趣不符，實轉科不易；目前高職學生畢業後大多數選擇繼續升學，與教育目標難免有所偏離，造成某種程度的教育資源浪費（周巧錡，2016；謝文全，2002），另有學者研究也發現不少學生似乎只把高職當作升學跳板，多專注於高中課程的學習，而未能專注於技職教育專業科目以及實習科目的精進，職業類科高中應在十二國民基本教育改革精神下，能完全呈現新課綱的精神——即素養導向的課程規劃，並能夠滿足學生的學習需求及適應社會發展的趨勢（陳亦強，2021），二十一世紀是一個資訊化、全球化的時代，並全面性影響我們的生活，也改變了人們的觀念及做事方法，資訊科技逐漸滲透當代的教育與學習，教育部自 103 學年度開始，全面啟動執行「數位學習推動計畫」，為因應未來少子化、高齡化、全球化、數位化的趨勢與挑戰做準備。因此，實施行動學習，應用在高職課程，是值得重視的議題，如何將資訊融入教學課程中，成為高職教師在課程設計中一項重要的模式，製作數位教材，或利用雲端線上數位課程來教學，同時鼓勵各領域皆可將數位行動教學融入教學的單元，以幫助學生了解該領域課程運作的方式及原理，提升學生的認知與有效學習，尤為重要（張建原，2016）。

職業類科高級中學對十二年國教的因應

　　臺灣職業學校為因應時代變遷及科技的進步，在不同時期皆有不同的課程變革，首先，在 1950 年代—試辦單位行業訓練課程：單位行業訓練課程之主要意涵，係針對某種特定職業的就業需要而設計，主要教授學生可立即就業的專門理論與技術能力。1960 年代—全面推展單位行業訓練課程：1960 年代國家經濟發展需要大量基礎人力，而在高職學校方面，進行全面訓練課程的發展，為因應當時經濟發展，提供專業的人力資源。1970 年代—充實高職學校設備：由於社會變遷，工業技術進步，此階段是依「單位行業」之理念進行課程設計、編製課程內涵，以配合科技進步，全面提升技術，充實高職學校設備及教材，其目的仍在於提升工職教育的水準，為我國經濟建設發展提供全面的基礎（劉玲慧，2014）。

　　1980-1999 年代為改革時期，為進一步改善此前實施單位行業訓練課程，教育部 1986 年公布《工業職業學校課程標準》，全面推展群集課程，並以實習為核心之課程修訂方向，惟群集課程內容增加，因學生學習時間有限，因此技能專精程度不及單位行業訓練課程的學生。2000-2011 時期：高職新課程，課程改革成為核心焦點，課程漸漸走向多元化發展，並重視及改善技職教育的品質，課程改革主要特色專業科目以實務為主，以配合高職就業與繼續進修之需求，並賦予學校課程設計自主權，以利學生適性發展，以適應變遷及自我發展之能力（劉玲慧，2014）。

　　在 2000 年代後的轉型期，此時期我國的製造業處於轉型升級的階段，各企業皆急需大量專業的技術人才，雖然以往技職教育在培育人才方面獲得了成功的經驗，然而在經歷了多次教育改革以及課程的修訂後，高職增加最多的科系偏向於娛樂屬性的民生科系如：休閒、餐飲、觀光等科系，而因應國家經濟建設發展所需的工業科系則相對減招，再加上升學管道多元化，高職不再是最終的教育，人才供給反而出現了供需失調的問題（陳繁興，2019）。

　　十二年國教非常強調「學校本位課程」的概念，學校課程應有更寬闊的發展空間，面對十二年國教的衝擊，高職課程的改革方向，應從高職課程設計與組織須兼顧縱向銜接與橫向統整、健全學校本位課程及加強產業合作，以真正落實十二年國教教育改革的理想（許宛琪，2016）。

　　在環境方面，受社會傳統價值觀裡文憑至上的觀念影響，職業學校在大家的眼中似乎是較不受青睞，且在產業結構的轉變，教改政策的推動及受到少子化等因素的影響，使得職業學校無法成為學生的優先選項（杜海寧，2018）。當前的教育環境競爭激烈，在學校經營管理及招生方面更是積極轉型及進行學校的改革工作，然而，進行改革的同時，現行階段的教師及行政工作的負擔及壓力相當沉重，教育部補助計畫改由學校自行提出申請，若學校資源或經費不足，可能會造成學校強者愈強、弱者愈弱的情形，尤其在十二年國民基本教育政策下實施免學費，使得原先高職的優勢逐漸消失（吳錦惠，2013）。另外，以現階段環境來看，實習是高職進行專業實習技能的學習環境，一般高職的實習課程以實務為核心，然而實際

的實習現場，卻仍有實作項目多且複雜、技術不易專精、教師教學制式、容易忽略個別差異化等困境（陳弘宇、林俊彥，2020）。

當前的技職教育環境受到許多因素的限制，分別產生不同程度的衝擊，首先，是在社會制度方面，高職人數減少，嚴重影響我國基層技術型人才的養成，學歷至上的觀念、產官學共同培育人才的機制不足；其次，在技職校院教學面向，包含理論課程比例過高、英語能力不佳、創意與跨領域能力不足等問題；最後，在專業技術人才面向，人才培育需配合我國產業發展及未來趨勢，培養專業技術人才應該具備的特質及能力（劉祖華、劉豐瑞，2022）。技職教育的精神強調的是實務上的精益求精務實的精神，但學校的教學設施常受限於經費，無法與時俱進並隨科技發展的腳步定期更新相關設備；學校教師亦受限於課程綱要及學校活動實習等相關規定來規劃與實施，缺乏彈性；另外，課程的修訂不易，往往造成教學設備、教師專業無法銜接職場的困境，而產生進入職場後所面臨的落差（張國保，2017）。

在方法方面，全球化世代來臨，新的科技不斷進步，學校在面臨全球化及人工智慧的挑戰下，既有的辦學方式及品質、傳播學校特色學生思維的轉變、市場結構化的改變，學校更因檢視當前所面對的競爭，積極面對及轉型，傳統式的行銷學校及教學方式已不足以應付多元且資訊快速傳播的網路世代，甚至不符潮流（楊怡姿，2018）。吳清基（1989）提出，技職教育是國家基礎人力資源開發的工作及過程，而教師是扮演著啟發人才的角色，對職業教育的影響甚鉅；不同學生因不同家庭背景及環境，在學習能力方面皆有不同的差異，而差異化教學方法是以學習者為中心，幫助每位學生達成目標，能夠做到異中求同的差異化教學，並且因應其進展而不斷給與更多元化的課程進展方式、彈性的活動及多元的評量方式，儘量做到課程多樣化設計的內容，以幫助不同特質的學生（張玉麗，2023）。在教學方法上，將數位教材融入在教學上，結合影片的使用，讓課本教材內容能更多元化且有趣的呈現，可以顯著的提升學習成效與學習滿意度及學生學習態度並獲得學生正向肯定，創造良好的上課氛圍，師生、同儕間有更多的互動，增加學生的課程參與度及專注度（黃益慶，2022）。在學

校方面，學校單位可以營造正向學習環境使學生具有正向心理資本，透過美好的學習經驗來進行累積，通過自身能力及毅力和學習所獲得的經驗會形成一種持久且持續的自信心，教學單位可以透過學生成果發表及各項技能競賽來增加團隊精神及領導力特質，發掘學生更多隱性的優勢能力及人格特質，讓學生強化其心理資本，面對各項挑戰（劉偉定，2022）。

　　如今的十二年國教中的課程發展更加強調「素養導向」，但若沒明確的課程目標，將使課程教學環境如浮木沒有方向，故在落實十二年國教課程時，教師須主動積極的了解我國總體課程目標的具體意涵，才能在教學環境裡有效的與學生產生「互動」，具體實踐十二年國教政策中的「共好」的精神（張哲維，2022）。

伍　結論與建議

　　十二年國教的教育政策所追求的願景是「成就每一個孩子」，要讓所有的孩子都成為教育的主體適才適性發展，十二年國教在各領域課程與教學場域裡都面臨了極大的轉變（陳怡君，2020），根據前述文獻討論，在面對十二年國教對職業類科高級中學的衝擊及影響，本章節分別就學生、教師、課程、環境、方法等面向分別提出建議以供參考：

一、在學生方面

　　傳統教學方式已無法滿足數位世代學生的學習方式，而資訊科技的運用，更有利於翻轉教學實踐及發展（莊雅鈴、陳志瑋、鄧佳恩，2018）。十二年國教主張的學生為主體，並非強加灌輸於理論的學習，而是以學生的角度與不同背景之差異的學生能找到學習的熱情，從而達到適性發展的目標。學生更需要透過與教師、同儕的互動來認同自己，找出自我價值，減少學習恐懼，讓學生能透過學習提出反思，達到適才適性，成就每一位學生。

二、在教師方面

　　爲因應十二年國教，教師在教學過程中需融入特定議題的課程，往往使教師深感壓力及負擔。其原因可能來自於對設計課程之教學計畫感到困難及壓縮到教師教學的時間，面臨課程統整與資料整理上的困難（高翠霞、高慧芬、楊嵐智，2018）。本文建議教師應時時專注於了解外在時勢變化及政策變革，並積極自我進修及學習，應用新的教學設備輔助教學。而學校方面也應鼓勵教師在職進修，教師也應將自我進修及了解時事議題融入課程中視爲義務，教師間亦可互相將教學心得及方法進行交流，提升教學成效。

三、在課程方面

　　十二年國民基本教育以「核心素養」爲課程發展的主軸，以自發、互動及共好爲理念（趙曉美，2018）。課程的改革及規劃設計需基於此精神，包含了正式及非正式課程，將核心素養的概念融入課程中，並可從實作、校外參訪及活動等非正式課程中學習體驗。此外，鼓勵教師藉由豐富的教學經驗找出最有效的學習方式，或經由學生自主學習主動發掘問題進而反思，師生雙向溝通運用，透過互動找出更有效的教學方法及策略，才能具體將十二年國教的精神及理念落實於課程學習之中。

四、在環境方面

　　社會上普遍存在傳統的士大夫觀念，職業類學校在世俗觀念中較爲次等，致使職業類科招生不易，對我國培育基礎人力大爲不利，尤其在十二年國教免學費政策下，職業類科高中首當其衝。擁有一技之長、終身受用，臺灣社會應更具多元的價值觀，行行出狀元，讓學子能適性發展才是十二年國教的原則與目標。

五、在方法方面

　　十二年國教中在「品德教育」、「核心素養」及「議題融入」等方

面，已經有相當完整的規劃，國民素質關係著國家的未來競爭力與永續發展（吳美瑤，2019）。面對全球化的競爭，科技的快速進步，既有教學方式已不足以應付多元化的世代，教師可透過網路的輔助學習、新興科技的運用導入於教學中，使學習更加豐富及多元；面對不同環境背景的學生，亦可採差異化教學方式，實施更多元的評量方式，以幫助到不同特質及弱勢的學生，學校方面也可透過競賽及活動，增加學生的成就感及向心力。

參考文獻

一、中文部分

行政院（2023）。取自 https://www.ey.gov.tw/state/7F30E01184C37F0E/ c533c870-9854-4344-b325-0239147484bd

吳玲梅（2003）。**高職教師專業成長現況與需求之研究──以國立羅東高級商業職業學校為例**（未出版之碩士論文）。國立東華大學教育研究所，花蓮縣。

吳美瑤（2019）。十二年國教課綱〔核心素養〕與〔議題融入〕的品德教育之實踐。**臺灣教育評論月刊，8**(10)，44-50。

吳清基（1989）。**教育與行政**。臺北：師大書苑。

吳清基（1992）。**教師與進修**。臺北市：師大書苑。

吳錦惠（2013）。高中職辦學的挑戰與因應.**師友月刊，552**，25-29。

杜海寧（2018）。 十二年國教下私立技術型高中現況與應變。**臺灣教育評論月刊，7**(5)，160-163。

周巧錡（2016）。**高職商業與管理群科評鑑指標建構與權重體系建構之研究**（未出版之博士論文）。國立臺中教育大學教育學系，臺中市。

林大仁（2006）。**職業學校教師兼主任在職進修成效知覺之研究**（未出版之碩士論文）。臺北科技大學，臺北市。

林家琪、林惠芬（2017）。中部地區高職綜合職能科學生之學校適應，**特殊教育與輔助科技學報，10**，1-26。

林淑琴（2015）。十二年國民基本教育入學制度探討。**臺灣教育評論月刊，4**(11)，152-157。

紀宗佑（2016）。**高職學生於電腦軟體應用實習課程學習行為之研究**（未出版之碩士論文）。朝陽科技大學資訊管理系，臺中市。

徐玉恭（2009）。**高級中學及高級職業學校餐飲管理科教師生涯發展與進修需求之研究──以南區為例**（未出版之碩士論文）。國立高雄餐旅學

院，高雄市。

高翠霞、高慧芬、楊嵐智（2018）。十二年國教議題課程的挑戰——以環境教育爲例。**臺灣教育評論月刊，7**(10)，68-75。

國家教育研究院（2023）。取自https://www.naer.edu.tw/PageSyllabus?fid=52

張玉麗（2023）。**差異化教學運用於高職建教僑生專班華語課程之教學研究**（未出版之碩士論文）。文藻外語大學應用華語文系，高雄市。

張建原（2016）。**行動學習運用在高職課程教學之研究**（未出版之博士論文）。國立高雄師範大學工業科技教育學系，高雄市。

張哲維（2022）。十二年國教課程政策的省思以教育分析哲學之視野淺探十二年國教總體課程目標。**嘉大教育研究學刊，48**，99-118。

張國保（2017）。提升台灣技職教育品質與就業競爭力之探究。**世紀智庫論壇，79**，16-20。

張逸蓁、廖匀華、廖錦文（2014）。職業類科教師對十二年國民基本教育先導計畫影響招生效益的看法。**明新學報，40**(1)，65-75。

教育部（2011）。中華民國技術及職業教育簡介。取自file:///C:/Users/User/Downloads/182615181571.pdf

教育部（2023）。取自https://www.edu.tw/News_Content.aspx?n=D33B55D537402BAA&s=37E2FF8B7ACFC28B

莊雅鈴、陳志瑋、鄧佳恩（2018）。十二年國教課程綱要對課程與教學的考驗與因應——談翻轉教學法.。**臺灣教育評論月刊，7**(9)，108-116。

許宛琪（2016）。十二年國教政策下之高職課程改革方向。**臺灣教育評論月刊，5**(4)，105-107。

陳弘宇、林俊彥（2020）。實施融合教育於高職實習課程的困境與突破。**臺灣教育評論月刊，9**(8)，161-165。

陳亦強（2021）。技術型高中照顧服務科素養導向的課程規劃、學生學習滿意度之探討——以嘉義地區進修部高職爲例（未出版之碩士論文）。康寧大學健康照護管理學系，臺北市。

陳育蒼（2022）。技術型高中建教合作與一般班學生專業英文詞彙學習成效評估模式之研究——以高雄市某技術型高中爲例（未出版之博士論

文）。國立臺灣師範大學工業教育學系，臺北市。

陳怡君（2020）。十二年國教：再創融合教育的新局面，**雙溪教育論壇，9**，117-137。

陳恆鈞，許曼慧（2013）。台灣技職教育政策變遷因素之探討：漸進轉型觀點。公共行政學報，**48**，1-42。

陳繁興（2019）。臺灣技職教育當前問題分析與改革策略。**臺灣教育評論月刊，8**(1)，68-76。

陳鴻永（2006）。**高職生活適應困擾學生問題與輔導之行動研究**（未出版之碩士論文），國立臺東大學教育學所，臺東市。

童鳳嬌（2012）。十二年國教的因應策略。**學校行政，78**，157-182。

黃政傑（1991）。**課程設計**。臺北：東華。

黃益慶（2022）。**應用ADDIE設計數位教材並探討其效益**（未出版之碩士論文）。吳鳳科技大學應用數位媒體系，嘉義縣。

楊怡姿（2018）。**網路世代高級中等學校行銷策略之研究**（未出版之博士論文）。國立暨南國際大學教育政策與行政學系，南投市。

楊朝祥（2007）。台灣技職教育變革與經濟發展。取自https://www.npf.org.tw/2/1733

廖錦文、盧建余、黃重發、鄞樹富、蘇育民（2008）。職業學校教師對職業學校群科課程綱要之學校本位課程認知與態度研究。**工業教育與技術學刊，34**，13-34。

趙曉美（2018）。由九年一貫到十二年國教的課程改革與教師專業成長。**臺灣教育評論月刊，7**(10)，178-181。

劉玲慧（2014）。**高職課程變革與相關因素對薪資所得影響之研究**（未發表之博士論文）。國立雲林科技大學技術及職業教育研究所，雲林縣。

劉祖華、劉豐瑞（2022）。多元技職教育的挑戰與發展。**臺灣教育評論月刊，11**(5)，1-10。

劉偉定（2022）。**高職餐飲科建教合作生正向心理資本與專業承諾關係研究**（未出版之碩士論文）。朝陽科技大學休閒事業管理系，臺中市。

劉國英（2000）。**影響高商學生會計技能學習成效因素之研究**（未出版之碩

士論文）。國立彰化師範大學教育研究所，彰化市。

蔡俊傑、劉威德、羅鴻仁（2012）。職業學校教導型組織文化與教師創新教學關係之探討。**教師專業研究期刊，4**，53-80。

謝文全（2002年10月）。後期中等教育制度與目標功能之檢討。**邁向正常國家研討會發表之論文**，臺北市。

謝辰鑫、曾淑惠（2012）。我國高職教師專業表現之研究。**學校行政，81**，92-109。

二、英文部分

Goodlad, J. I. (1979). The scope of the curriculum field. In J. I. Goodlad (Ed.). *Curriculum inquiry-The study of curriculum field* (pp. 1-39). New York：McGraw-Hill.

國家圖書館出版品預行編目資料

十二年國教：成效、問題與展望／潘世尊，方
德隆，許籐繼，鄧佳恩，黃琇屏，舒緒緯，
李真文，何俊青，歐陽怡合著；翁福元，陳
易芬主編. ――初版. ――臺北市：五南圖
書出版股份有限公司, 2023.12
　面；　公分
　ISBN 978-626-366-773-0（平裝）

1.CST: 國民教育　2.CST: 義務教育　3.CST:
教育政策　4.CST: 教育發展　5.CST: 臺灣

526.8933　　　　　　　　　112018943

1I7Z

十二年國教：成效、問題與展望

叢書主編 ― 黃政傑

主　　編 ― 翁福元、陳易芬

作　　者 ― 潘世尊、方德隆、許籐繼、鄧佳恩、黃琇屏

　　　　　　舒緒緯、李真文、何俊青、歐陽怡

發 行 人 ― 楊榮川

總 經 理 ― 楊士清

總 編 輯 ― 楊秀麗

副總編輯 ― 黃文瓊

責任編輯 ― 李敏華

封面設計 ― 封怡彤

出 版 者 ― 五南圖書出版股份有限公司

地　　址：106臺北市大安區和平東路二段339號4樓

電　　話：(02)2705-5066　　傳　　真：(02)2706-6100

網　　址：https://www.wunan.com.tw

電子郵件：wunan@wunan.com.tw

劃撥帳號：01068953

戶　　名：五南圖書出版股份有限公司

法律顧問　林勝安律師

出版日期　2023年12月初版一刷

定　　價　新臺幣350元

經典永恆・名著常在

五十週年的獻禮——經典名著文庫

五南，五十年了，半個世紀，人生旅程的一大半，走過來了。

思索著，邁向百年的未來歷程，能為知識界、文化學術界作些什麼？

在速食文化的生態下，有什麼值得讓人雋永品味的？

歷代經典・當今名著，經過時間的洗禮，千錘百鍊，流傳至今，光芒耀人；

不僅使我們能領悟前人的智慧，同時也增深加廣我們思考的深度與視野。

我們決心投入巨資，有計畫的系統梳選，成立「經典名著文庫」，

希望收入古今中外思想性的、充滿睿智與獨見的經典、名著。

這是一項理想性的、永續性的巨大出版工程。

不在意讀者的眾寡，只考慮它的學術價值，力求完整展現先哲思想的軌跡；

為知識界開啟一片智慧之窗，營造一座百花綻放的世界文明公園，

任君遨遊、取菁吸蜜、嘉惠學子！